RAFAEL FENTE
Universidad de Granada

JESUS FERNANDEZ
Universidad de Madrid

JOSE SILES
Universidad de Madrid

CURSO INTENSIVO DE ESPAÑOL

EJERCICIOS PRACTICOS

NIVELES DE **INICIACION** Y ELEMENTAL

EDI - 6, S. A.
General Oráa, 32
MADRID - 6

© Fente, Fernández, Siles
EDI-6, S. A.
Madrid, 1982

ISBN 84-85786-43-2

Depósito legal: M. 24410-1982

Impreso en España - Printed in Spain

Selecciones Gráficas. Carretera de Irún, km. 11,500. Madrid (1982)

INTRODUCCION

Nos es grato presentar a los profesores y estudiantes de español como segunda lengua este libro: Curso intensivo de español, niveles de **iniciación** y elemental, *que completa la serie de* Ejercicios prácticos *ya consolidada desde hace muchos años en el mundo de la enseñanza de español a extranjeros, con sus dos títulos anteriores* (Niveles elemental-intermedio *e* intermedio-superior).

El presente volumen, cuya necesidad nos parece evidente, es el último en el orden cronológico, pero el primero en el didáctico, y es eslabón fundamental de un proyecto largamente ambicionado por nosotros, a saber, tres volúmenes graduados y consecutivos y dos gramáticas que los acompañan.

Con esta obra pretendemos iniciar al alumno principiante absoluto en el manejo de la lengua española de una manera armónica y gradual. Constituye un instrumento que permite tanto al profesor como al estudiante emprender el estudio de la lengua desde el punto cero. Además, el libro está estructurado de tal modo que al término de los dos ciclos que lo constituyen el alumno estará plenamente capacitado para adentrarse en el siguiente volumen de la serie.

Para conseguir dicho objetivo hemos limitado conscientemente los problemas morfosintácticos y léxicos y se ha puesto énfasis en los problemas morfológicos, específicos de este nivel. Desde el punto de vista sintáctico, tratamos exclusivamente la oración simple. Desde el punto de vista morfológico se ha pormenorizado al máximo la totalidad de los problemas de género, número, flexiones verbales de los tiempos simples del indicativo, etc., pero se ha excluido totalmente el modo subjuntivo y tiempos compuestos del verbo (a excepción del pretérito perfecto) por pertenecer al ámbito de la oración compuesta. Desde el punto de vista léxico, hemos hecho una selección rigurosa del número de vocablos, modismos y expresiones que habían de aparecer en los distintos ejercicios y se ha conseguido una síntesis de 900 palabras representativas de la totalidad de los campos semánticos de interés práctico a nivel de iniciación.

Es muy importante resaltar que el libro está concebido de tal modo que permite un doble manejo. Por un lado, se puede utilizar como un libro de ejercicios tradicional, es decir, el alumno puede concentrar su atención en el estudio de aspectos concretos de la lengua según sus necesidades específicas en momentos determinados. Por otro lado, esta obra puede ser manejada como un método siguiendo linealmente su secuencialización.

Para seguir una u otra vía, se observará que el libro cuenta con dos índices distintos, pero complementarios. El primero es un índice por unidades didácticas, pormenorizado al máximo en cuanto a las características de cada ejercicio, hasta tal punto que los epígrafes explican por sí mismos la finalidad de cada uno. El segundo es un índice alfabético por conceptos gramaticales que permite la fácil búsqueda de los temas que interese practicar. Insistimos, pues, en que este doble índice supone una considerable ventaja en economía de tiempo y en efectividad didáctica.

El libro va acompañado de una Clave y guía didáctica *en la que se dan las soluciones de todos los ejercicios y, además, se ofrecen al profesor unas sugerencias en línea con nuestra propia visión pedagógica.*

Por último, sólo nos queda testimoniar nuestro profundo agradecimiento a tantos y tantos profesores y alumnos que vienen depositando su confianza en nosotros desde hace muchos años y gracias a cuyas numerosas sugerencias ha sido posible este empeño. A todos va dedicado el libro.

Rafael Fente Gómez
Jesús Fernández Alvarez
José Siles Artés

Majadahonda (Madrid), verano de 1982.

SIGNOS UTILIZADOS EN EL LIBRO

∅ = morfema cero (carencia de inflexión).
≠ = signo de contraste.
/ = alternancia.
> = se convierte en.
→ = se transforma en.

INDICE POR UNIDADES DIDACTICAS

PRIMER CICLO

	N.º de ejercicio	Pág.

UNIDAD 1: Ser. Presente de indicativo (sing.) Expresión de la identidad (nombres de personas). Morfología ... 1 37
Ser. Presente de indicativo (plural). Expresión de la identidad ... 2 37
Pronombres personales sujeto con ser (1.ª y 2.ª pers. sing. y pl.). Expresión de la identidad. Morfología ... 3 38
Género del sustantivo (o/a). Morfología ... 4 38
Fórmulas de cortesía. Expresiones de saludo y despedida. Ejercicio de léxico ... 5 38

UNIDAD 2: Pronombres personales sujeto con el presente de ser (3.ª pers. sing y pl. y 2.ª de respeto). Expresión de la identidad. Morfología ... 6 40
Presente de ser con quién(es). Expresión de la identidad. Morfología ... 7 40
Elipsis de ser con nombres de personas. Expresión de la identidad ... 8 41
Género del sustantivo (o/a). Morfología ... 9 41
Lectura de numerales cardinales (0-5) ... 10 41
Nombres de países y habitantes. Ejercicio de léxico ... 11 42

UNIDAD 3: Presente de ser con quién(es) para expresar identidad. Morfología ... 12 44
Presente de ser (sing.) con gentilicios. Morfología. 13 44
Presente de ser (sing., negativa) con gentilicios. Morfología ... 14 45
Género del sustantivo (Ø/a). Morfología ... 15 45
Lectura de numerales cardinales (6-10) ... 16 45
Fórmulas de cortesía (**por favor, perdón, de nada, gracias**). Ejercicio de léxico ... 17 46

	N.º de ejercicio	Pág.

UNIDAD 4: Presente de **ser** (interrogativa) con la forma Vd. y gentilicios. Morfología 18 48
Presente de **ser** (interrogativa-negativa) con nombres de persona y gentilicios. Morfología 19 48
Artículo indeterminado (sing.). Género. Morfología. 20 49
Lectura de numerales cardinales (11-15) 21 49
Nombres de comidas y bebidas. Ejercicio de léxico. 22 49
Nombres de países y ciudades. Ejercicio de léxico. 23 50

UNIDAD 5: Presente de **estar** (sing.) con los adverbios **aquí** y **allí.** Morfología 24 52
Presente de **estar** (pl.) con los adverbios **aquí y allí.** Morfología 25 52
Omisión de **estar** con **aquí y allí** 26 52
Artículo indeterminado sing. (género). Morfología. 27 53
Número del sustantivo (Ø/s), con inclusión del artículo determinado. Morfología 28 53
Lectura de numerales cardinales (16-20) 29 53
Nombres de alimentos y condimentos. Ejercicio de identificación 30 54

UNIDAD 6: Presente de **estar** con **dónde** y los adverbios **aquí** y **allí.** Morfología 31 56
Presente de **estar** (negativa)+**en**+topónimos. Morfología 32 56
Presente de **estar** (interrogativa-negativa)+**en**+topónimos. Morfología 33 57
Presente de **estar** (negativa) con **bien** y **mal** ... 34 57
Número del sustantivo (Ø/s) con inclusión del artículo determinado. Morfología 35 57
Adjetivos de colores. Ejercicio de léxico 36 58

UNIDAD 7: Presente de **estar** (interrogativa) con **cómo.** Respuestas con **bien** y **mal.** Morfología 37 60
Presente de **estar** (interrogativa) con **cómo.** Respuestas con **bien** y **mal.** Morfología 38 60
Número del sustantivo (Ø/es) con inclusión del artículo determinado. Morfología 39 61
Demostrativos (**este-a-os-as**). Adjetivos. Género y número. Morfología 40 61
Nombres de los meses del año. Ejercicio de léxico. 41 61

UNIDAD 8: Presente de **tener** (afirmativa). Morfología 42 63
Presente de **tener** (interrogativa). Morfología 43 63
Número del sustantivo (Ø/es) con inclusión del artículo determinado. Morfología 44 64

	N.º de ejercicio	Pág.

	Demostrativos **(este-a-os-as)**. Adjetivos. Género y número. Morfología	45	64
	Preguntas con **dónde** y **estar**. Ejercicio de creación.	46	64
	Nombres de meses del año. Ejercicio de léxico.	47	65
UNIDAD 9:	Presente. Verbos regulares en **-ar**. Morfología	48	67
	Presente. Verbos regulares en **-ar**, en oraciones. Morfología	49	67
	Presente. Verbos regulares en **-er**. Morfología	50	67
	Presente. Verbos regulares en **-er**, en oraciones. Morfología	51	68
	Demostrativos **(ese-a-os-as)**. Adjetivos. Morfología.	52	68
	Modismos con **tener**. Ejercicio de léxico	53	68
	Modismos con **tener** (preguntas **por qué**; respuestas **porque**)	54	69
UNIDAD 10:	Presente. Verbos regulares en **-ir**. Morfología	55	71
	Presente. Verbos regulares en **-ir**. Morfología. Ejercicio de relación	56	71
	Género del sustantivo. Masculinos en **-a** y femeninos en **-o**. Casos especiales. Morfología	57	71
	Número. Sustantivos invariables con inclusión del artículo determinado. Morfología	58	72
	Demostrativos **(ese-a-os-as)**. Adjetivos. Género y número. Morfología	59	72
	Ejercicio de recopilación de léxico	60	72
	Ejercicio de recopilación de léxico	61	73
UNIDAD 11:	Presente. Verbos de irregularidad común en **-ar**. **(e/ie)**. Morfolología	62	75
	Presente. Verbos de irregularidad común en **-er** e **-ir (e/ie)**. Morfología	63	75
	Presente. Verbos de irregularidad común. Recopilación. Morfología	64	75
	Demostrativos **(aquel-lla-llos-llas)**. Adjetivos. Morfología	65	76
	Lectura de numerales cardinales (decenas)	66	76
	Expresiones y exclamaciones lexicalizadas. Ejercicio de léxico	67	77
UNIDAD 12:	Presente. Verbos de irregularidad común **(o/ue)**. Morfología	68	79
	Presente. Verbos de debilitación vocálica en **-ir (e/i)**. Morfología	69	79
	Presente. Verbos de cambio ortográfico **(g/j; c/z)**. Verbos en **-ger, -gir** y **-cer**. Morfología	70	79
	Demostrativos **(aquel-lla-llos-llas)**. Adjetivos. Morfología	71	80

	N.º de ejercicio	Pág.
Lectura de numerales cardinales	72	80
Artículo indeterminado sing. Género. Morfología.	73	80
Léxico verbal. Contestación a preguntas con **para qué sirve**. Ejercicio de léxico	74	81

UNIDAD 13:

Presente. Verbos de cambio ortográfico en **-cer** y **-cir** (**c/zc**). Morfología	75	83
Presente. Verbos de cambio ortográfico (**i/y**). Morfología	76	83
Presente. Verbos con diptongación (**u/ue**). Caso especial: **jugar**	77	83
Demostrativos. Recopilación. Morfología	78	83
Adjetivo calificativo. Género y número. Concordancia con el sustantivo. Morfología (**o/a**) ...	79	84
Lectura de numerales. Expresión de la hora (procedimiento tradicional)	80	84
Lectura de numerales. Expresión de la hora con **ser**.	81	85
Léxico de clase. Contestación a preguntas con **dónde está**. Ejercicio de léxico	82	85

UNIIDAD 14:

Presente. Verbos de irregularidad propia (**dar, ir, hacer** y **venir**). Morfología	83	87
Presente. Verbos de irregularidad propia (**oír, poner, saber**). Morfología	84	87
Presente. Verbos de irregularidad propia (**salir, traer, ver**). Morfología	85	87
Adjetivos posesivos (**mi-s**). Morfología	86	88
Género del adjetivo calificativo y concordancia con el sustantivo (**Ø/a**). Morfología	87	88
Pronombres personales sujeto y objeto (personas 1.ª, 2.ª, 3.ª del sing.). Morfología	88	88
Pronombres personales sujeto y objeto (plural). Morfología	89	89
Demostrativos. Correspondencia con adverbios de lugar. Morfología	90	89
Expresión de la hora. Procedimiento internacional.	91	89

UNIDAD 15:

Presente. Verbos de irregularidad propia (**decir, poder, poner**). Morfología	92	91
Presente de **haber**. Morfología	93	91
Género del sustantivo. Masculinos y femeninos en **-e** con adición del artículo determinado. Morfología	94	91
Adjetivos posesivos (**tu-s**). Morfología	95	92
Género. Adjetivos invariables. Morfología	96	92
Uso de las contracciones **al** y **del**. Sintaxis	97	92

		N.º de ejercicio	Pág.

	Expresión de la hora con **ser a** (=**tener lugar**). Morfosintaxis ...	98	93
	Nombres de prendas de vestir. Ejercicio de léxico.	99	93
UNIDAD 16:	Imperativo. Verbos regulares en **-ar** (tú, vosotros-as). Morfología ...	100	95
	Imperativo negativo. Verbos en **-ar** (tú, vosotros-as) Morfología ...	101	95
	Imperativo. Verbos en **-ar** (Vd., Vds.). Morfología.	102	96
	Género del sustantivo. Masculinos y femeninos en **-l**. Morfología ...	103	96
	Adjetivos posesivos (**nuestro-a-os-as**). Morfología.	104	97
	Artículo indeterminado (**un-a-os-as**). Morfología.	105	97
	Lectura de numerales en contexto. Pesos y medidas.	106	97
	Antónimos de adjetivos. Ejercicio de léxico ...	107	98
UNIDAD 17:	Imperativo. Verbos regulares en **-er** (vosotros-as). Morfología ...	108	100
	Imperativo negativo. Verbos en **-er** (tú, vosotros-as). Morfología ...	109	100
	Imperativo afirmativo y negativo. Verbos en **-er**. (Vd., Vds.). Ejercicio de transformación. Morfología ...	110	101
	Pronombres personales pleonásticos con **gustar**. Morfosintaxis ...	111	101
	Adjetivos posesivos (**vuestro-a-os-as**). Morfología.	112	102
	Comparación del adjetivo. Grado de superioridad (**más-que**). Morfosintaxis ...	113	102
	Presente del verbo **gustar** en contexto. Morfosintaxis ...	114	102
	Lectura de las letras del alfabeto ...	115	103
UNIDAD 18:	Imperativo. Verbos regulares en **-ir** (tú, vosotros-as). Morfología ...	116	105
	Imperativo negativo. Verbos regulares en **-ir** (tú, vosotros-as). Morfología ...	117	105
	Imperativo afirmativo y negativo (Vd., Vds.). Transformación. Morfología ...	118	106
	Adjetivos posesivos (**su-s**). Morfología ...	119	106
	Comparación del adjetivo. Grado de igualdad (**tan-como**). Morfosintaxis ...	120	107
	Lectura de las letras del alfabeto ...	121	107
	Expresión de pesos y medidas. Ejercicio de creación ...	122	107
	Nombres de animales domésticos. Ejercicio de léxico ...	123	108

		N.º de ejercicio	Pág.
UNIDAD 19:	Imperativo. Verbos de irregularidad común en -ar y -er (e/ie). Morfología ...	124	110
	Imperativo negativo. Verbos de irregularidad común en -ar y -er (e/ie). Morfología ...	125	110
	Número del sustantivo. Cambio ortográfico (z > > ces). Morfología ...	126	111
	Adjetivos posesivos. Recopilación. Morfología ...	127	111
	Adjetivo. Grado superlativo con **muy**. Ejercicio de transformación. Morfosintaxis ...	128	111
	Lectura de las letras del alfabeto ...	129	112
	Nombres de tiendas y establecimientos. Ejercicio de léxico ...	130	112
UNIDAD 20:	Imperativo. Verbos de irregularidad común en -ar y -er (o/ue) (tú, Vd., Vds.). Morfología ...	131	114
	Imperativo negativo. Verbos de irregularidad común en -ar y -er (o/ue). Morfología ...	132	114
	Pronombres posesivos de 1.ª y 2.ª personas. Morfosintaxis ...	133	114
	Lectura de numerales ordinales (1.º-5.º) ...	134	115
	Numerales ordinales **primer, tercer** (apócopes). Morfología ...	135	115
	Numerales ordinales en contexto (1.º-5.º). Morfosintaxis ...	136	115
	Ejercicio de recopilación de léxico ...	137	116
	Ejercicio de recopilación de léxico ...	138	116
UNIDAD 21:	Imperativo. Verbos de debilitación vocálica en -ir (e/i) (tú, Vd., Vds.). Morfología ...	139	118
	Imperativo negativo. Verbos de debilitación vocálica en -ir (e/i) (tú, Vd., Vds.). Morfología ...	140	118
	Imperativo negativo. Verbos de cambio ortográfico. Recopilación. Morfología ...	141	118
	Lectura de numerales ordinales (6.º-10.º) ...	142	119
	Pronombres posesivos de 2.ª pers. (respeto) y 3.ª. Morfología ...	143	119
	Numerales ordinales y días de la semana ...	144	120
	Uso del artículo determinado con días de la semana. Morfosintaxis ...	145	120
	Modismos con **hacer**. Ejercicio de léxico ...	146	120
UNIDAD 22:	Imperativo. Verbos de irregularidad propia (tú). Morfología ...	147	122
	Imperativo afirmativo y negativo. Verbos de irregularidad propia (tú). Morfología ...	148	122
	Días de la semana precedidos del artículo determinado. Ejercicio de creación ...	149	123

	N.º de ejercicio	Pág.
Género. Adjetivos invariables	150	123
Uso del verbo **caer** con meses y estaciones del año. Ejercicio de creación	151	123
Expresión de la fecha con **ser**. Ejercicio de creación	152	124
Nombres de lenguas. Ejercicio de léxico	153	124

UNIDAD 23:

Expresión del futuro inmediato con **ir a**+infinitivo	154	126
Expresión del futuro inmediato con **ir a**+infinitivo+expresiones de tiempo	155	126
Imperativos irregulares afirmativos y negativos. Formas de respeto. Morfología	156	127
Imperativo. Verbos de irregularidad propia (vosotros). Morfología	157	127
Usos de **caer** y **ser** con fechas y meses del año. Ejercicio de creación	158	128
Respuestas a preguntas con **con qué**. Léxicos de medios e instrumentos varios	159	128

UNIDAD 24:

Pretérito indefinido de **ser** con ordinales. Morfosintaxis	160	130
Pretérito indefinido de **ser** con ordinales (forma interrogativa). Morfosintaxis	161	130
Pretérito indefinido de **ser** con ordinales (forma negativa). Morfosintaxis	162	131
Verbo **ser** y días de la semana. Ejercicio de creación.	163	131
Ejercicio de acentuación	164	131
Nombres de habitaciones de la casa. Ejercicio de léxico	165	132

UNIDAD 25:

Pretérito indefinido del verbo **ser** con ordinales (forma interrogativa-negativa). Morfosintaxis	166	134
Pretérito indefinido de estar con el adverbio **ayer**. Morfosintaxis	167	134
Pretérito indefinido de **estar** con ayer. Ejercicio de creación	168	135
Pronombres reflexivos. Morfología	169	135
Pronombres reflexivos en contexto. Morfología	170	135
Verbos reflexivos y expresión de la hora. Ejercicio de creación	171	136
Preguntas con **con qué** y léxico de artículos de aseo personal. Ejercicio de creación léxica	172	136

UNIDAD 26:

Pretérito indefinido de verbos regulares en **-ar**. Morfología	173	138

	N.º de ejercicio	Pág.
Pretérito indefinido de verbos regulares en -er e -ir. Morfología	174	138
Pretérito indefinido, en oraciones. Recopilación de verbos regulares	175	138
Pretérito indefinido (interrogativa). Recopilación de verbos regulares. Morfosintaxis	176	139
Verbos reflexivos (presente) en oraciones	177	139
Verbo llamarse. Ejercicio de creación	178	139
Modismos con tener. Ejercicio de léxico	179	140
Modismos con tener. Preguntas con por qué / respuestas con porque	180	140

UNIDAD 27:

Pretérito indefinido. Verbos de irregularidad propia (tener, poder, andar, saber, poner). Morfología	181	142
Pretérito indefinido. Verbos de irregularidad propia (poder, andar, saber, poner). Recopilación en oraciones. Morfología	182	142
Pretérito indefinido. Verbos de irregularidad propia (hacer, decir, venir, querer y dar). Morfología	183	143
Pretérito indefinido. Verbos de irregularidad propia (ir, traer, poder). Morfología	184	143
Pretérito indefinido. Verbos de irregularidad propia. Recopilación	185	144
Lectura de numerales en contexto. Recopilación de cardinales y ordinales	186	144
Uso de tener en la expresión de la edad con nombres de parentesco. Ejercicio de creación	187	144

UNIDAD 28:

Pretérito indefinido. Verbos de irregularidad propia. Recopilación	188	147
Pretérito imperfecto. Verbos regulares en -ar. Morfología	189	147
Pretérito imperfecto. Verbos regulares en -er e ir. Morfología	190	148
Pretérito imperfecto. Recopilación de verbos regulares. Morfología	191	148
Pretérito imperfecto. Verbos regulares. Recopilación en oraciones	192	148
Lectura de signos matemáticos. Uso de ser	193	149
Nombres de países y ciudades. Ejercicio de léxico.	194	149

UNIDAD 29:

Pretérito imperfecto de ser. Morfología	195	151
Pretérito imperfecto de ver. Morfología	196	151
Pretérito imperfecto de ir en contexto	197	151

		N.º de ejercicio	Pág.
	Pretérito imperfecto de **ser, ir** y **ver** en oraciones. Recopilación ...	198	152
	Pretérito imperfecto de **ser, ir** y **ver** en oraciones. Recopilación ...	199	152
	Para+infinitivo. Ejercicio de creación ...	200	152
	Léxico adjetival para responder a **cómo es (son)** ...	201	153
UNIDAD 30:	Futuro simple. Verbos regulares en **-ar, -er** e **-ir**. Morfología ...	202	155
	Futuro simple. Verbos de irregularidad propia **(tener, venir, poner, salir y haber)**. Morfología.	203	156
	Futuro simple. Verbos de irregularidad propia **(saber y poder)**. Morfología ...	204	156
	Futuro simple. Verbos de irregularidad propia **(decir, hacer y querer)**. Morfología ...	205	156
	Forma verbal **hay** impersonal. Ejercicio de creación ...	206	156
	Forma verbal **hay** impersonal con pronombres interrogativos. Ejercicio de creación ...	207	157
	Ejercicio de acentuación ...	208	157
	Ejercicio de recopilación de léxico ...	209	158
UNIDAD 31:	Condicional simple. Verbos regulares. Morfología.	210	160
	Condicional simple. Verbos irregulares **(tener, haber venir)**. Morfología ...	211	160
	Condicional simple. Verbos irregulares **(decir, hacer, querer)**. Morfología ...	212	161
	Condicional simple. Verbos irregulares **(saber, poder)**. Morfología ...	213	161
	Expresión de la finalidad **(para qué sirve)**. Ejercicio de creación. Léxico verbal ...	214	161
	Recopilación de léxico ...	215	162
UNIDAD 32:	Presente del verbo **haber**. Morfología ...	216	164
	Presente de **haber**. Morfología ...	217	164
	Participios pasados regulares. Verbos en **-ar**. Morfología ...	218	165
	Participios pasados regulares. Verbos en **-er** e **ir**. Morfología ...	219	165
	Pretérito perfecto. Verbos regulares. Morfología.	220	166
	Preguntas con la fórmula **por dónde** ...	221	166
	Preguntas con la fórmula **cómo le va** ...	222	166
	Nombres de monedas de curso legal. Ejercicio de léxico ...	223	167

SEGUNDO CICLO

	N.º de ejercicio	Pág.

UNIDAD 33: Presente de **ser** con sustantivos de profesión, actividad y oficio. Morfosintaxis ... 224 — 171
Presente de **ser** (negativo) con sustantivos de profesiones y oficios. Morfosintaxis ... 225 — 171
Presente de **ser** con nombres de profesiones, actividades y oficios. Ejercicio de creación ... 226 — 172
Presente de **ser** con nombres de profesiones actividades y oficios (preguntas con **qué**). Morfosintaxis ... 227 — 172
Antónimos de adjetivos en oraciones. Ejercicio de léxico ... 228 — 172
Nombres de comidas del día. Ejercicio de léxico. 229 — 173

UNIDAD 34: Presente de **ser** con adjetivos de religión. Morfosintaxis ... 230 — 175
Presente de **ser** con adjetivos de religión (preguntas con **cuál**). Morfosintaxis ... 231 — 175
Expresión de la posesión o pertenencia con **ser de** + sustantivo ... 232 — 176
Expresión de la posesión o pertenencia con **ser de** (preguntas con **de quién**). Ejercicio de creación ... 233 — 176
Indefinidos. Contraste entre **algo** y **nada**. Sintaxis. 234 — 176
Modismos verbales varios. Ejercicio de léxico ... 235 — 177

UNIDAD 35: **Ser de** con sustantivos de materia. Morfosintaxis. 236 — 179
Ser de con sustantivos de materia (preguntas con **de qué**). Ejercicio de creación ... 237 — 179
Ser de con sustantivos de materia. Ejercicio de relación ... 238 — 180
Expresión del origen con **ser de** + nombre de ciudad, región o provincia. Ejercicio de creación. 239 — 180
Expresión del origen con **ser de** + gentilicios (preguntas con **de dónde**). Ejercicio de creación, 240 — 180

		N.º de ejercicio	Pág.
	Indefinidos. Contraste entre **todo** y **nada**. Sintaxis ...	241	181
	Exclamaciones con la partícula **qué** ...	242	181
UNIDAD 36:	Uso de **ser** en oraciones impersonales (**ser**+adjetivo). Ejercicio de creación ...	243	183
	Uso de **ser** en oraciones impersonales (**ser**+adjetivo). Ejercicio de creación ...	244	183
	Expresión de la identidad o naturaleza con **ser**. Morfosintaxis ...	245	184
	Expresión del origen con **ser de**. Ejercicio de creación ...	246	184
	Indefinidos. Contraste entre **alguien** y **nadie**. Sintaxis ...	247	184
	Expresiones preposicionales con medios de locomoción (preguntas con **cómo se va**). Ejercicio de léxico ...	248	185
UNIDAD 37:	**Ser** con adjetivos de color (preguntas con **de qué**). Ejercicio de relación ...	249	187
	Uso de las formas apocopadas **buen** y **mal** con **ser**. Sintaxis ...	250	187
	Contraste entre **bueno** y **malo**. Ejercicio de sustitución con **ser** ...	251	188
	Contraste entre **siempre** y **nunca**. Ejercicio de sustitución ...	252	188
	Exclamaciones varias en contexto ...	253	188
	Exclamaciones varias. Ejercicio de creación ...	254	188
UNIDAD 38:	Expresión del lugar o localización con **estar en** (preguntas con **en qué**). Ejercicio de creación.	255	190
	Expresión del lugar o localización con **estar en**. Ejercicio de creación ...	256	190
	Estar con expresiones adverbiales de posición. Ejercicio de creación ...	257	191
	Estar con expresiones adverbiales de posición (preguntas con **dónde**). Ejercicio de creación ...	258	191
	Uso obligatorio de **estar** con adjetivos de estado. Ejercicio de creación ...	259	191
	Contraste entre **siempre** y **nunca**. Expresión de la doble negación. Sintaxis ...	260	192
	Ejercicio de creación con monedas extranjeras.	261	192
UNIDAD 39:	**Ser** y **estar** contrastados. Expresión de la identidad y situación. Recopilación. Sintaxis ...	262	194
	Ser y **estar** contrastados con adjetivos de cualidad y estado. Sintaxis ...	263	194

	N.º de ejercicio	Pág.

Ser y estar con adjetivos que sólo admiten uno u otro verbo. Sintaxis 264 195
Indefinidos. Uso de **bastante-s**. Morfosintaxis ... 265 195
Verbos con régimen preposicional **(a, de)**. Sintaxis 266 195
Exclamaciones varias en contexto 267 196
Exclamaciones varias. Ejercicio de creación 268 196

UNIDAD 40: Ser y estar contrastados, con expresiones temporales y de lugar. Sintaxis 269 198
Ser y estar con adjetivos que sólo admiten uno u otro verbo. Sintaxis 270 198
Ser y llegar contrastados (impersonalización ≠ personalización) con **tarde** y **temprano**. Sintaxis. 271 199
Adjetivos **bueno-a-os-as** y **malo-a-os-as**. Recopilación 272 199
Ejercicio de recopilación de léxico 273 199
Ejercicio de recopilación de léxico 274 200

UNIDAD 41: Presente. Verbos de irregularidad común **(e/ie)**. Morfología 275 202
Presente. Verbos de irregularidad común **(o/ue)**. Morfología 276 202
Presente. Verbos de debilitación vocálica **(e/i)**. Morfología 277 203
Géneros de los sustantivos. Masculinos y femeninos irregulares. Morfología 278 203
Género del adjetivo. Adjetivos invariables. Ejercicio de creación 279 203
Demostrativos. Adjetivos y pronombres contrastados en contexto, con elipsis de **ser**. Sintaxis. 280 204
Pronombres posesivos acompañados de artículo. Uso de **también**. Morfosintaxis 281 204
Lectura de numerales en contexto. Recopilación. 282 204

UNIDAD 42: Presente. Verbos de cambio ortográfico **(g/j; c/z)** en oraciones. Morfología 283 206
Presente. Verbos de cambio ortográfico **(c/zc)** en oraciones. Morfología 284 206
Presente. Verbos **jugar** y **construir** en oraciones. Morfología 285 206
Género del sustantivo. Masculinos y femeninos irregulares 286 207
Demostrativos. Adjetivos y pronombres contrastados en contexto. Correspondencia con adverbios de lugar. Sintaxis (uso del verbo **gustar**) 287 207

	N.º de ejercicio	Pág.

Posesivos antepuestos y pospuestos con adición del artículo determinado (1.ª y 2.ª pers. pl.). Ejercicio de transformación. Sintaxis 288 207

Posesivos antepuestos y pospuestos con adición del artículo determinado (resto de las formas). Ejercicio de transformación. Sintaxis 289 208

Género de adjetivo calificativo. Recopilación. Morfología 290 208

UNIDAD 43: Presente. Verbos de irregularidad común, en oraciones. Recopilación 291 210

Género del sustantivo. Masculinos y femeninos en **-e**. Morfología (con inclusión de artículo determinado) 292 210

Antónimos de adjetivos 293 211

Pronombres personales objeto (1.ª y 2.ª pers. sing). Posición. Morfosintaxis 294 211

Verbo **gustar** con pronombres redundantes. Morfosintaxis 295 212

Adjetivos posesivos pospuestos. Recopilación ... 296 212

Antónimos adverbiales. Ejercicio de léxico 297 212

UNIDAD 44: Presente. Verbos de cambio ortográfico (y **jugar**) en oraciones. Recopilación. Morfología 298 214

Presente. Verbos de irregularidad propia en oraciones. Recopilación. Morfología 299 214

Presente. Verbos de irregularidad propia en oraciones. Recopilación. Morfología 300 214

Comparación del adjetivo. Superioridad (**más-que**). Ejercicio de transformación. Sintaxis ... 301 215

Adjetivos posesivos pospuestos. Recopilación. Morfosintaxis 302 215

Pronombres personales objeto (plurales). Recopilación 303 215

Género. Sustantivos invariables. Morfología 304 216

Ejercicio de modismos verbales varios 305 216

UNIDAD 45: Imperativo. Verbos regulares. Recopilación 306 218

Imperativo. Verbos de irregularidad común y debilitación vocálica. Recopilación 307 218

Imperativo. Verbos de cambio ortográfico. Recopilación 308 219

Comparación del adjetivo. Grado de igualdad (**tan-como**). Ejercicio de transformación 309 219

Pronombres personales objeto directo. Posición. Ejercicio de sustitución. Recopilación 310 219

		N.º de ejercicio	Pág.
	Género del sustantivo con inclusión del artículo indeterminado. Casos especiales. Recopilación.	311	220
UNIDAD 46:	Imperativo. Verbos de irregularidad propia. Recopilación …	312	222
	Imperativos irregulares en contexto (afirmativo) con formas pronominales. Recopilación …	313	222
	Número del sustantivo. Casos especiales (palabras que no admiten el singular. Morfología …	314	223
	Presente de **jugar a(l)**. Ejercicio de creación …	315	223
	Comparación del adjetivo. Negación de la igualdad **(no tan-como)**. Ejercicio de transformación.	316	223
	Pronombres personales objeto indirecto. Ejercicio de transformación. Morfosintaxis …	317	224
	Pronombres demostrativos en contexto con **ser** y **estar**. Sintaxis …	318	224
	Antónimos de adjetivos. Ejercicio de léxico …	319	224
UNIDAD 47:	**Ir a+infinitivo** (futuro inmediato). Ejercicio de creación …	320	226
	Ir a+infinitivo (futuro inmediato). Ejercicio de creación …	321	226
	Pronombres personales objeto indirecto. Ejercicio de transformación. Morfosintaxis …	322	226
	Pronombres personales objeto con preposición. Morfosintaxis …	323	227
	Pronombres personales objeto pospuestos al imperativo. Ejercicio de sustitución. Sintaxis …	324	227
	Verbos reflexivos de uso corriente. Ejercicio de creación …	325	227
	Pronombres demostrativos neutros con **ser**. Correspondencia con adverbios de lugar. Morfosintaxis …	326	228
	Sustantivos correspondientes a verbos. Ejercicio de léxico …	327	228
UNIDAD 48:	Pretérito indefinido de **estar** (con **ayer**). Ejercicio de creación …	328	230
	Pretérito indefinido de **estar** (con expresiones temporales). Ejercicio de creación …	329	230
	Pronombres personales objeto con preposición. Morfosintaxis …	330	231
	Verbos pseudorreflexivos **(sobrar, faltar y quedar)**. Pronombres redundantes en oraciones …	331	231
	Pronombres personales objeto pospuestos al infinitivo. Ejercicio de sustitución. Sintaxis …	332	231

	N.º de ejercicio	Pág.
Pronombres personales objeto directo antepuestos al verbo que rige el infinitivo. Ejercicio de sustitución. Sintaxis ...	333	232
Demostrativos neutros. Ejercicio de creación ...	334	232

UNIDAD 49:

	N.º de ejercicio	Pág.
Pretérito indefinido. Verbos de debilitación vocálica (e/i). Morfología ...	335	234
Pretérito indefinido. Verbos de debilitación vocálica (o/u). Morfología ...	336	234
Pretérito indefinido. Verbos de cambio ortográfico (c/j). Morfología ...	337	234
Pretérito indefinido. Ejercicio de recopilación de verbos de debilitación vocálica y de cambio ortográfico. Morfología ...	338	235
Pronombres personales objeto (3.ª pers. se). Ejercicio de sustitución. Sintaxis ...	339	235
Pronombres posesivos acompañados de artículo determinado. Ejercicio de sustitución. Morfosintaxis ...	340	235
Demostrativos neutros. Ejercicio de creación ...	341	236
Exclamaciones ponderativas (qué-más) ...	342	236

UNIDAD 50:

	N.º de ejercicio	Pág.
Pretérito indefinido. Verbos de cambio ortográfico (i/y). Morfología ...	343	238
Pretérito indefinido. Verbos de cambio ortográfico (i/y) en oraciones. Morfología ...	344	238
Pronombres personales objeto directo e indirecto. Ejercicio de sustitución. Sintaxis ...	345	238
Contraste entre **también** y **tampoco**. Morfosintaxis ...	346	239
Contraste entre **también** y **tampoco**. Sintaxis ...	347	239
Verbo **doler** y partes del cuerpo. Ejercicio de léxico ...	348	240

UNIDAD 51:

	N.º de ejercicio	Pág.
Pretérito indefinido. Verbos de cambio ortográfico (c/qu). Morfología ...	349	242
Pretérito indefinido. Verbos de cambio ortográfico (g/gu). Morfología ...	350	242
Pretérito indefinido. Verbos de cambio ortográfico (c/qu; g/gu). Recopilación. Morfología ...	351	243
Demostrativos con el verbo **gustar**. Adjetivos y pronombres contrastados en contexto. Sintaxis.	352	243
Pronombres personales objeto pospuestos al imperativo. Sintaxis ...	353	243
Pronombres personales objeto directo antepuestos y pospuestos. Ejercicio de recopilación. Sintaxis ...	354	244
Exclamaciones con la partícula **qué** ...	355	244

		N.º de ejercicio	Pág.
UNIDAD 52:	Sustitución de la forma impersonal obligativa **es necesario** por la perífrasis verbal obligativa **hay que**+infinitivo. Morfosintaxis	356	246
	Uso de la perífrasis verbal impersonal obligativa **hay que**+infinitivo. Ejercicio de creación ...	357	246
	Uso de la perífrasis verbal obligativa personalizada **tener que**+infinitivo. Morfosintaxis	358	247
	Contraste entre **hay que** (impersonal) - **tener que** (personal)	359	247
	Indefinidos. Uso de **demasiado-a-os-as.** Morfosintaxis	360	247
	Contraste entre **hacer** (impersonal) y **tener** (personal) en modismos. Sintaxis	361	248
	Verbos correspondientes a sustantivos. Ejercicio de léxico	362	248
UNIDAD 53:	Futuro simple. Verbos regulares en oraciones. Recopilación	363	250
	Futuro simple. Verbos de irregularidad propia en oraciones. Recopilación	364	250
	Futuro simple. Verbos de irregularidad propia en oraciones. Recopilación	365	251
	Verbos reflexivos de uso corriente. Ejercicio de creación	366	251
	Haber y **estar** contrastados en oraciones. Sintaxis.	367	251
	Indefinidos. Uso de **todo-a-os-as** adjetival y pronominal. Morfosintaxis	368	252
	Léxico de aparatos corrientes en el hogar	369	252
UNIDAD 54:	Condicional simple. Verbos regulares en oraciones. Morfosintaxis	370	254
	Condicional simple. Verbos de irregularidad propia en oraciones. Recopilación	371	254
	Indefinidos. Valor adjetival de **otro-a-os-as.** Morfosintaxis	372	254
	Indefinidos. Contraste entre **mucho-a-os-as** y **poco-a-os-as.** Morfosintaxis	373	255
	Expresión del tiempo con **llevar** en oraciones ...	374	255
	Expresión del tiempo con **llevar.** Ejercicio de creación	375	255
	Léxico de viajes	376	256
UNIDAD 55:	Futuro simple para expresar la probabilidad en el presente. Ejercicio de transformación	377	258
	Futuro simple para expresar la probabilidad en el presente. Ejercicio de creación	378	258

		N.º de ejercicio	Pág.
	Contraste entre futuro simple (probabilidad) y presente (certeza). Sintaxis ...	379	259
	Ejercicio de deletreo ...	380	259
	Haber y **estar** contrastados en el pretérito imperfecto. Sintaxis ...	381	259
	Preposición **a** con objeto directo de persona. Morfosintaxis ...	382	259
	Modismos con **dar** y **tomar** ...	383	260
UNIDAD 56:	Condicional simple para expresar la probabilidad en el pasado. Ejercicio de transformación ...	384	262
	Condicional simple para expresar la probabilidad en el pasado. Ejercicio de creación ...	385	262
	Contraste entre condicional simple (probabilidad) y pretérito imperfecto (certeza). Sintaxis ...	386	263
	Preposición **a** con objeto directo de persona o cosa ...	387	263
	Expresiones de tiempo con **de** o **por**. Sintaxis ...	388	263
	Ejercicio de silabeo ...	389	263
	Uso del verbo **tardar**. Ejercicio de creación ...	390	264
UNIDAD 57:	Pretérito imperfecto con valor habitual. Sustitución del verbo **soler** por la forma simple. Sintaxis ...	391	266
	Pretérito imperfecto. Estímulo pregunta-respuesta. Sintaxis ...	392	266
	Contraste entre el pretérito imperfecto y el presente de indicativo con referentes adverbiales. Morfosintaxis ...	393	267
	Contraste entre el presente y el pretérito imperfecto con referentes adverbiales. Morfosintaxis.	394	267
	Contraste entre pretérito imperfecto-presente con la fórmula **hace**+expresión temporal. Morfosintaxis ...	395	267
	Ejercicio de silabeo ...	396	268
	Uso de la fórmula interrogativa **cuántas veces**. Ejercicio de creación ...	397	268
UNIDAD 58:	Pretérito indefinido con **durante**. Morfosintaxis.	398	270
	Pretérito indefinido con **ayer**. Morfosintaxis ...	399	270
	Pretérito indefinido. Estímulo pregunta-respuesta.	400	270
	Contraste entre el pretérito indefinido y el imperfecto con referentes adverbiales. Morfosintaxis.	401	271
	Contraste entre el pretérito imperfecto y el indefinido con referentes adverbiales. Morfosintaxis.	402	271
	Expresiones de tiempo con **de** o **por**. Sintaxis ...	403	272

		N.º de ejercicio	Pág.

UNIDAD 59: Participios irregulares. Verbos en **-er** e **-ir**. Morfología ... 404 274
Pretérito perfecto. Verbos irregulares. Morfología. 405 274
Pretérito perfecto. Verbos regulares en oraciones. Recopilación ... 406 275
Participios irregulares. Verbos en **-er** e **-ir**. Morfología ... 407 275
Contraste entre **ser** (impersonal) y **llegar** (personal) con los adverbios **tarde** y **temprano**. Sintaxis ... 408 275
Léxico de alimentos ... 409 276

UNIDAD 60: Pretérito perfecto con participios irregulares en oraciones. Morfosintaxis ... 410 278
Pretérito perfecto con participios irregulares en oraciones. Morfosintaxis ... 411 278
Contraste entre pretérito indefinido y pretérito perfecto con referentes adverbiales. Morfosintaxis ... 412 279
Contraste entre el pretérito perfecto y el indefinido con referentes adverbiales en oraciones. Morfosintaxis ... 413 279
Modismos con **hacer** ... 414 280

INDICE ALFABETICO DE CONCEPTOS

Acentuación, 164, 208.
Alfabeto, 121, 129.
Artículo (determinado, indeterminado), 20, 27, 28, 35, 39, 44, 58, 73, 94, 105, 145, 149, 292, 304, 311.
— *contracción,* 97.

Comparación, 113, 120, 128, 301, 309, 316.
Condicional simple:
— *morfología* (verbos regulares), 210, 370.
    (verbos irregulares), 211, 212, 213, 371.
— *sintaxis,* 384, 385, 386.

Demostrativos (adjetivos y pronombres), 40, 45, 52, 59, 65, 71, 78, 90, 280, 287, 326, 341, 352.

ESTAR:
— *morfología,* 24, 25, 26, 31, 32, 33, 34, 37, 38, 167, 168, 255, 256, 257, 258, 259, 328, 329.

Deletreo, 380.
DOLER, 348.

Exclamaciones, 67, 242, 253, 254, 342, 355.
Expresión de la hora, 91, 98.

Fórmulas de cortesía, 5, 17.
Fórmulas interrogativas:
— *¿Cómo es (son)* ......?, 201.
— *¿Cómo le va* ......?, 222.
— *¿Cómo se llama* ......?, 178.
— *¿Cómo se va* ......?, 248.
— *¿Con qué* ......?, 159, 172.
— *¿Cuántas veces* ......?, 397.

Nota: Los números se refieren a los ejercicios.

- ¿Cuánto ......?, 122.
- ¿Cuántos años ......?, 187.
- ¿De dónde ......?, 240.
- ¿De qué ......?, 237, 249.
- ¿De quién......?, 233.
- ¿Dónde está ......?, 31, 46, 82.
- ¿En que ...... cae ......?, 151.
- ¿En qué ......?, 255.
- ¿Para qué sirve ......?, 74, 214.
- ¿Por dónde ......?, 221.
- ¿Por qué ......? —Porque ......, 54, 180.
- ¿Qué ......?, 227.

Futuro simple:
- morfología (verbos regulares), 202, 363.
       (verbos irregulares), 203, 204, 205, 364, 365.
- sintaxis, 377, 378, 379.

Género:
- sustantivos, 4, 9, 15, 20, 27, 57, 73, 94, 103, 105, 278, 286, 292, 304, 311.
- adjetivos, 40, 45, 52, 59, 65, 71, 79, 87, 96, 104, 112, 150, 279, 290.

GUSTAR, 287, 295.

HABER, 93, 216, 217.
HABER ≠ ESTAR (sintaxis), 367, 381.
HABER QUE + infinitivo, 356, 357, 359.
HACER + expresión de tiempo, 395.
HACER ≠ TENER (sintaxis), 361.

IMPERATIVO:
- morfología (verbos regulares), 100, 101, 102, 108, 109, 110, 116, 117, 118, 306.
       (verbos de irregularidad común), 124, 125, 131, 132, 307.
       (verbos de debilitación vocálica), 139, 140, 307.
       (verbos de cambio ortográfico), 141, 308.
       (verbos de irregularidad propia), 147, 148, 156, 157, 312, 313.

Indefinidos (adjetivos y pronombres), 234, 241, 247, 265, 368, 372, 373.
IR A + infinitivo, 154, 155, 320, 321.

JUGAR A, 315.

Léxico:
- Alimentos, bebidas y condimentos, 22, 30.
- Animales domésticos, 123.
- Antónimos de adjetivos, 107, 319.
- Antónimos de adverbios, 297.
- Aparatos del hogar, 369.
- Colores, 36.

— *Comidas del día*, 229.
— *Días de la semana*, 163.
— *Expresión de la edad*, 187.
— *Expresión de la hora*, 91, 98.
— *Expresión del tiempo*, 155.
— *Fórmulas de cortesía*, 5, 17.
— *Habitaciones de la casa*, 165.
— *Medios e instrumentos varios*, 159.
— *Meses y estaciones del año*, 41, 47.
— *Monedas*, 223.
— *Nombres de lenguas*, 153.
— *Nombres de parentesco*, 187.
— *Nombres de países, ciudades y habitantes*, 11, 23, 194.
— *Partes de cuerpo*, 348.
— *Pesos y medidas*, 106, 122.
— *Prendas de vestir*, 99.
— *Sustantivos correspondientes a verbos*, 327.
— *Tiendas y establecimientos públicos*, 130.
— *Verbos correspondientes a sustantivos*, 362.
— *Viajes*, 376.

LLEVAR, 374, 375.

Modismos verbales:
 — TENER, 53, 54, 179, 180, 187, 361.
 — HACER, 361, 414.
 — DAR, 383.
 — TOMAR, 383.
 — SER, 271, 408.
 — LLEGAR, 271, 408.
 — *varios*, 235, 305.

Numerales (cardinales, ordinales y partitivos), 10, 16, 21, 29, 66, 72, 80, 81, 91, 98, 106, 134, 135, 136, 142, 144, 152, 186, 193.
Número gramatical:
 — *sustantivos*, 28, 35, 39, 40, 44, 58, 126, 314.
 — *adjetivos*, 45, 52, 59, 65, 79, 104, 112, 119.

Participio pasado:
 — *morfología* (verbos regulares), 218, 219, 406.
   (verbos irregulares), 404, 405, 407, 410, 411.

Posesivos (adjetivos y pronombres), 86, 95, 104, 112, 119, 127, 133, 143, 281, 288, 289, 302, 340.
Preposiciones, 97, 266, 382, 387, 388, 403.
Presente de indicativo:
 — *morfología* (verbos regulares), 48, 49, 50, 51, 55, 56.
   (verbos de irregularidad común), 62, 63, 64, 68, 69, 275, 276, 291.
   (verbos de cambio ortográfico), 70, 75, 76, 283, 284, 285, 298.

33

(verbos de debilitación vocálica), 277.
(verbo JUGAR), 77.
(verbos de irregularidad propia), 83, 84, 85, 92, 299, 300.
— *sintaxis,* 393, 394.

Pretérito imperfecto:
— *morfología* (verbos regulares), 189, 190, 191, 192.
    (verbos irregulares: SER), 195, 198, 199.
    (verbos irregulares: VER), 196, 198, 199.
    (verbos irregulares: IR), 197, 198, 199.
— *sintaxis,* 391, 392, 393, 394, 395, 401, 402.

Pretérito indefinido:
— *morfología* (verbos regulares), 173, 174, 175.
    (verbos de cambio ortográfico), 337, 338, 343, 344, 349, 350, 351.
    (verbos de debilitación vocálica), 335, 336, 338.
    (verbos de irregularidad propia), 181, 182, 183, 184, 185, 188.
    (verbo SER), 160, 161, 162, 166.
    (verbo ESTAR), 167, 168, 328, 329.
    (casos especiales), 398, 399, 400.
— *sintaxis,* 401, 402, 412, 413.

Pretérito perfecto:
— *morfología* (verbos regulares), 220.
    (verbos irregulares), 405, 406, 410, 411.
— *sintaxis,* 412, 413.

Pronombres personales:
— *sujeto,* 3, 6, 88, 89.
— *objeto,* 88, 89, 303, 310, 317, 322, 323, 324, 330, 332, 333, 339, 345, 353, 354.
— *pleonásticos* (redundantes), 111.

Reflexivos (verbos), 169, 170, 171, 177, 178, 325, 366.
Reflexivos (pronombres), 169, 170, 171.

SER:
— *morfología* (presente), 1, 2, 3, 6, 7, 8, 12, 13, 14, 18, 19.
    (indefinido), 160, 161, 162, 166.
    (imperfecto), 195, 198, 199.
— *morfosintaxis,* 224, 225, 226, 227, 230, 231, 232, 233, 236, 237, 238, 239, 240, 243, 244, 245, 246, 249, 250.

SER ≠ ESTAR (sintaxis), 262, 263, 264, 269, 270.
SER ≠ LLEGAR (sintaxis), 271, 408.
Silabeo, 389, 396.
SOBRAR ≠ FALTAR ≠ QUEDAR, 331.

TARDAR, 390.
TENER QUE + infinitivo, 358, 359.

PRIMER CICLO

unidad 1

1. Dé la forma apropiada del presente del verbo SER

Modelo: (Yo) soy {Pedro
 Carmen.

1. (Tú) ...... Pedro.
2. (Él) ...... Pedro.
3. (Vd.) ...... Pedro.
4. (Ella) ...... Carmen.

2. Dé la forma apropiada del presente del verbo SER

Modelo: (Nosotros) **somos** María y José.

1. (Vosotros) ...... Manuel y Andrés.
2. (Vosotras) ...... Margarita y Alicia.
3. (Vosotros) ...... José y María.
4. (Ustedes) ...... María y José.
5. (Ustedes) ...... María Fernández y Andrés López.
6. (Ellos) ...... Margarita y Andrés.
7. (Ellas) ...... María y Alicia.

3. Ponga el pronombre personal correspondiente

MODELO: **(Yo)** soy José.

1. ...... eres Alicia.
2. ...... sois Pedro y José.
3. ...... somos Alicia y Andrés.
4. ...... soy Margarita.

4. Dé el femenino de estas palabras

MODELO: el gat**o** → la gat**a**.

el hermano → la ......
el amigo → la ......
el hijo → la ......
el chico → la ......
el alumno → la ......
el portero → la ......
el niño → la ......

5. Fórmulas de cortesía. Lea estas expresiones de saludo y despedida y úselas en contextos similares

—*¡Buenos días,* D. (don) Pedro!
—*¡Hasta mañana,* D.ª (doña) Carmen!
—*¡Buenas tardes,* señor!
—*¡Adiós,* señorita! / ¡Srta. Gómez!
—*¡Hola,* John!
—*¡Buenas noches,* Sra. (señora) González!
—*¡Hasta luego,* Sr. (señor) Fernández!

Apuntes de clase

unidad **2**

6. Ponga el pronombre personal correspondiente

MODELO: $\begin{Bmatrix} \textbf{(él)} \\ \textbf{(ella)} \\ \textbf{(usted)} \end{Bmatrix}$ es $\begin{Bmatrix} \text{Pedro} \\ \text{María} \end{Bmatrix}$; $\begin{Bmatrix} \textbf{(ellos)} \\ \textbf{(ellas)} \\ \textbf{(ustedes)} \end{Bmatrix}$ son María y Manuel.

1. ...... es Alicia.
2. ...... son Pedro y Manuel.
3. ...... es Manuel.
4. ...... son Margarita y Alicia.
5. ...... son María y Andrés.
6. ...... es Carmen.

7. Presente de SER. Ponga QUIÉN o QUIÉNES en estas preguntas

MODELO: $\begin{cases} \text{¿Quién es (él)? (Él) es Pedro.} \\ \text{¿Quiénes son (ellos)? (Ellos) son Pedro y Carmen.} \end{cases}$

1. ¿...... es (usted)? (Yo) ...... Carmen.
2. ¿...... son (ustedes)? (Nosotras) ...... Alicia y Margarita.
3. ¿...... es (ella)? (Ella) ...... Carmen.
4. ¿...... son (ellos)? (Ellos) ...... Juan y Pedro.
5. ¿...... es (él)? (Él) ...... Andrés.
6. ¿...... son (ellas)? (Ellas) ...... Carmen y Alicia.

8. Presente de SER. Dé un nombre de persona

EJEMPLO: (Yo) soy Pedro, ¿y tú? **Yo, María.**

1. (Él) es José, ¿y ella? ......
2. (Usted) es Andrés, ¿y ella? ......
3. (Nosotros) somos María y Margarita, ¿y usted? ......
4. (Ellos) son Andrés y Alicia, ¿y vosotros? ......
5. (Ella) es Alicia, ¿y ellos? ......
6. (Vosotras) sois Alicia y María, ¿y él? ......

9. Género (o/a). Dé el masculino de estas palabras

MODELO: la camarera → el camarero.

la niña → el ......
la hija → el ......
la muchacha → el ......
la novia → el ......
la tía → el ......
la amiga → el ......
la alumna → el ......
la abuela → el ......

10. Cardinales. Léanse estos números

MODELO: 5 = cinco.

0.
1.
2.
3.
4.
5.

11. Identifique los nombres de los países de la izquierda con los adjetivos correspondientes de la derecha

Japón	francés
España	colombiano
Italia	inglés
Francia	español
Colombia	chino
Inglaterra	italiano
China	japonés

Apuntes de clase

12. Presente de SER. Pregunte con QUIÉN o QUIÉNES y la forma correspondiente del verbo SER

MODELO: Yo soy Andrés y { tú ¿quién eres?
                          usted ¿quién es?

1. Nosotros somos Juan y María y ellos ....
2. Ella es Margarita y ustedes ....
3. Vosotros sois Pedro y Alicia y él ....
4. Ellos son Andrés y Carmen y usted ....
5. Tú eres Manuel y ella ....
6. Vosotras sois Carmen y Alicia y tú ....
7. Yo soy María y tú ....

13. Dé la forma adecuada del presente de SER

MODELO: Él es árabe.

1. Tú ...... italiano.
2. Ella ...... española.
3. Yo ...... inglés.
4. Usted ...... americano.
5. Él ...... japonés.

14. Ponga NO y la forma adecuada del presente de SER

Modelo: Él **no** es árabe.

1. Antonio .... francés.
2. Tú .... chino.
3. Yo .... americano.
4. John .... español.
5. Alí .... japonés.

15. Dé el femenino de estos nombres

Modelo: el profesor → la profesora.

el pintor → la ......
el león → la ......
el ladrón → la ......
el señor → la ......
el lector → la ......
el conductor → la ......

16. Cardinales. Léanse estos números

6.
7.
8.
9.
10.

17. Fórmulas de cortesía. Rellene los puntos con la fórmula adecuada, según el contexto: **POR FAVOR; PERDÓN; DE NADA; GRACIAS**

EJEMPLO: ¿Un cigarrillo? Sí/no, **gracias**.

1. ¿Un vaso de vino? Sí, por ......
2. ¡Muchas gracias! —¡De ......!
3. ¡......! ¿Es Vd. Carmen?
4. ¿Café? —No, ...
5. ¿Un taxi? —Sí, por ......
6. ¡......, no comprendo!

Apuntes de clase

unidad 4

18. Ponga la forma adecuada del presente de SER y USTED

Modelo: ¿Es usted español? { Sí / No.

1. ¿...... ...... inglés? ......
2. ¿...... ...... ruso? ......
3. ¿...... ...... alemán? ......
4. ¿...... ...... mejicano? ......
5. ¿...... ...... francés? ......

19. Ponga NO y la forma apropiada del presente de SER

Modelo: ¿No es usted Antonio? Sí/no.

1. ¿...... ...... él americano? ......
2. ¿...... ...... usted alemán? ......
3. ¿...... ...... yo árabe? ......
4. ¿...... ...... Manuel mejicano? ......
5. ¿...... ...... tú Juan? ......

20. Artículo indeterminado. Ponga UN o UNA delante de estas palabras

Modelo: **un** bolígrafo / **una** casa.

...... libro
...... chaqueta
...... camisa
...... cigarrillo
...... silla
...... teléfono
...... mesa
...... cuadro

21. Cardinales. Léanse estos números

Modelo: 13 = trece.

11.
12.
13.
14.
15.

22. Léxico. Comidas y bebidas. Elija la palabra que corresponda: PESCADO; FRUTA; VERDURA; BEBIDA

Ejemplo: La sardina es **un pescado**.

1. El plátano es una ......
2. La lechuga es una ......
3. La leche es una ......
4. El atún es un ......
5. El agua es una ......
6. La naranja es una ......

23. Nombres de países y ciudades. Rellene los puntos con el nombre de la ciudad correspondiente de la columna de la derecha

1. La capital de Portugal es ......   Roma
2. La capital de Italia es ......   Moscú
3. La capital de Grecia es ......   Lisboa
4. La capital de Rusia es ......   Atenas
5. La capital de Polonia es ......   Varsovia

Apuntes de clase

unidad **5**

24. Dé la forma apropiada del presente de ESTAR

Modelo: Yo **estoy** aquí/allí.

1. (Tú) ...... aquí.
2. (Él) ...... allí.
3. (Usted) ...... aquí.
4. (Ella) ...... allí.
5. (Yo) ...... aquí.

25. Dé la forma apropiada del presente de ESTAR

Modelo: Nosotros **estamos** aquí/allí.

1. (Vosotros) ...... aquí.
2. (Vosotras) ...... allí.
3. (Ustedes) ...... aquí.
4. (Ellos) ...... allí.
5. (Ellas) ...... aquí.

26. ESTAR (omisión). Ponga la forma contraria, según el modelo

Modelo: (Yo) estoy **aquí,** ¿y tú? **Yo, allí.**

1. Peter está *allí,* ¿y Dominique? ....
2. Usted está *aquí,* ¿y Vladimir? ....
3. Greta y yo estamos *allí,* ¿y Sara? ....

4. Sebastián y Eva están *aquí*, ¿y François? ....
5. Lilian está *allí*, ¿y usted? ....
6. Vosotras estáis *aquí*, ¿y ellas? ....

27. Artículo indeterminado. Ponga UN o UNA delante de estas palabras

...... cocina
...... periódico
...... tienda
...... vaso
...... película
...... autobús

28. Ponga estas palabras en plural, según el modelo

MODELO: { **el** zapato / **los** zapatos
{ **la** camisa / **las** camisas.

el camino / ....
la rosa / ....
la isla / ....
el café / ....
la pierna / ....
el pie / ....

29. Cardinales. Léanse estos números

16.
17.
18.
19.
20.

30. Asocie los siguientes nombres de alimentos con los conceptos ANIMAL, MINERAL o VEGETAL

- mantequilla
- carne
- ensalada   ANIMAL
- azúcar   MINERAL
- pan   VEGETAL
- sal
- verdura

Apuntes de clase

unidad 6

31. DÓNDE y presente de ESTAR. Haga según el modelo

MODELO: ¿**Dónde** estás (tú)? (Yo) **estoy** aquí.

1. ¿...... está Juan? ...... allí.
2. ¿...... están ellos? ...... aquí.
3. ¿...... estáis? ...... aquí.
4. ¿...... estás? ...... allí.
5. ¿...... estamos? ...... aquí.
6. ¿...... está Helga? ...... allí.
7. ¿...... está usted? ...... aquí.

32. Forma negativa de ESTAR. Haga según el modelo

MODELO: Jim **no** está **en** Londres.

1. Jules ...... está ...... Tokio.
2. Irene y María ...... están ...... Roma.
3. Tú ...... estás ...... Madrid.
4. Elena y tú ...... estáis ...... Nueva York.
5. Carmen y usted ...... están ...... Sevilla.
6. Yo ...... estoy ...... Buenos Aires.

33. Forma interrogativo-negativa del presente de ESTAR. Haga según el modelo

Modelo: ¿No está Andrés en Inglaterra? Sí/no.

1. ¿...... ...... nosotros en España? ......
2. ¿...... ...... Helga y Jim en Suiza? ......
3. ¿...... ...... vosotros en Turquía? ......
4. ¿...... ...... tú en Argentina? ......
5. ¿...... ...... Sara y Dominique en Portugal? ......
6. ¿...... ...... yo en Brasil? ......

34. Ponga el presente de ESTAR con BIEN o MAL

Modelo: (Yo) no estoy bien / mal.

1. Tú no ....
2. Alicia ....
3. Ustedes ....
4. Jim y tú ....
5. Usted y Mao ....
6. Yoko y vosotros no ....

35. Número. Ponga estas palabras en plural

el mundo / ....
el cuaderno / ....
el té / ....
la página / ....
el negocio / ....
la iglesia / ....

36. Adjetivos de colores. Complete estas frases con los colores más adecuados: BLANCO; NEGRO; AMARILLO; AZUL; VERDE; ROJO; GRIS

— La nieve es ......
— El plátano es ......
— La verdura es ......
— La sangre es ......
— Las nubes son ......
— La noche es ......
— El cielo es ......

Apuntes de clase

unidad 7

37. Ponga la forma adecuada del presente de ESTAR y CÓMO

MODELO: ¿Cómo está usted? Estoy bien/mal.

1. ¿...... ...... Bruno? ...... mal.
2. ¿...... ...... tú? ...... bien.
3. ¿...... ...... Alí y vosotros? ...... mal.
4. ¿...... ...... usted y ellas? ...... bien.
5. ¿...... ...... Cathy y Frank? ...... bien.

38. Lea las respuestas y haga la pregunta correspondiente con el presente de ESTAR

MODELO: ¿Cómo están ustedes? Estamos bien.

1. ¿...... .... y ......? Pedro y María están bien.
2. ¿...... ....? Nosotras estamos mal.
3. ¿...... ....? Antonio y Federico están bien.
4. ¿...... ....? Estoy bien.
5. ¿...... ....? Estoy mal.

39. Número del sustantivo. Singular-plural

Modelo: { el país / los países
         la nación / las naciones.

el papel   / ....
la razón   / ....
el bar   / ....
el olor   / ....
el reloj   / ....
la canción / ....
el examen   / ....

40. Demostrativos. Póngase ESTE, ESTA, ESTOS, ESTAS, según el caso

Modelo: esta casa.

...... amiga.
...... llaves.
...... árboles.
...... calle.
...... dinero.

41. Diga el nombre de los meses correspondientes

Los meses de la **primavera** son: { .... MARZO
                                      .... SEPTIEMBRE
                                      .... JUNIO

Los meses del **verano** son: { .... MAYO
                                 .... AGOSTO
                                 .... JULIO
                                 .... ABRIL

Apuntes de clase

unidad **8**

42. Presente de TENER. Póngase la forma adecuada

1. Juan ...... dos hermanos mayores.
2. Mis hijas ...... tres muñecas.
3. Yo ...... un coche muy viejo.
4. Usted no ...... diez francos.
5. Tú ...... mi teléfono.
6. La fábrica ...... veinte obreros.
7. Vosotros ...... nuestra radio.
8. Los profesores ...... vacaciones largas.

43. Forma interrogativa del presente de TENER. Lea estas preguntas y conteste SÍ o NO

1. ¿Tienes el cuaderno?
2. ¿Tiene usted esta dirección?
3. ¿Tenéis vosotras las gafas?
4. ¿Tienen ustedes la maleta?
5. ¿Tiene mamá una nevera?
6. ¿Tiene Pedro un televisor?

44. Número del sustantivo. Singular-plural

la verdad / ....
el balón / ....
la ciudad / ....
el amor / ....
la pared / ....
el bombón / ....
el calor / ....

45. Demostrativos. Ponga ESTE-A-OS-AS, según los casos

...... alumnos.
...... días.
...... plato.
...... pueblo.
...... camas.

46. Haga la pregunta correspondiente a estas frases con DÓNDE

EJEMPLO: El metro está allí. —¿**Dónde** está el metro?

1. La iglesia está en la plaza. —¿
2. El mercado está en esta calle. —¿
3. La parada del autobús está en la esquina. —¿
4. La escuela está en el centro. —¿
5. El hospital está allí. —¿
6. La parada de taxis está en la Plaza Mayor. —¿
7. La estación está en el centro de la ciudad. —¿

47. Diga el nombre de los meses correspondientes

Los meses del **otoño** son:
$\left\{\begin{array}{l}\text{............}\\ \text{............}\\ \text{............}\\ \text{............}\end{array}\right.$

Los meses del **invierno** son:
$\left\{\begin{array}{l}\text{............}\\ \text{............}\\ \text{............}\\ \text{............}\end{array}\right.$

Apuntes de clase

unidad 9

48. Verbos en -AR. Conjúguese el presente de estos verbos

hablar: .... / .... / .... / .... / .... / ....
trabajar: .... / .... / .... / .... / .... / ....
estudiar: .... / .... / .... / .... / .... / ....

49. Presente regular en -AR

1. Yo (comprar) ...... los cigarrillos allí.
2. (Nosotros) (estudiar) ...... español y alemán.
3. ¿(Tomar) ...... usted café?
4. ¿(Trabajar) ...... tu hermano en esa oficina?
5. Mi secretaria (hablar) ...... cuatro idiomas.
6. (Ellas) no (usar) ...... gafas.

50. Conjúguese el presente de estos verbos

comer: .... / .... / .... / .... / .... / ....
aprender: .... / .... / .... / .... / .... / ....
comprender: .... / .... / .... / .... / .... / ....

51. Verbos en -ER. Complete estas formas en el presente

1. Vosotros com...... carne y pescado.
2. Ellos no beb...... vino en las comidas.
3. (Yo) le...... el periódico todos los días.
4. ¿No v...... usted la televisión?
5. ¿Comprend...... (tú) esta pregunta?
6. ¿Qué aprend...... (ellas) en la escuela?

52. Demostrativos. Póngase ESE, ESA, ESOS, ESAS, según los casos

MODELO: ese avión.

...... barco.
...... coches.
...... jardín.
...... lámparas.
...... hermana.

53. Modismos con TENER. Use la palabra adecuada de la columna de la derecha

EJEMPLO: Él bebe mucho; tiene **sed**.

1. En invierno tenemos	sed
2. En verano tenemos	hambre
3. Usted come mucho; ¿tiene ......?	frío
4. Ella no bebe agua; no tiene	calor
5. Gana mucho dinero; tiene	suerte

54. Conteste a las siguientes preguntas con las expresiones del ejercicio anterior

Ejemplo: ¿**Por qué** bebe mucho? —**Porque tiene sed.**

1. ¿Por qué lleva Vd. abrigo? —Porque ......
2. ¿Por qué no comes? —Porque no ......
3. ¿Por qué no llevas chaqueta? —Porque ......
4. ¿Por qué gana (él) dinero? —Porque ......

Apuntes de clase

unidad 10

55. Verbos en -IR. Conjúguese el presente de estos verbos

escribir: ……… / ……… / ……… / ……… / ……… / ………
vivir: ……… / ……… / ……… / ……… / ……… / ………
abrir: ……… / ……… / ……… / ……… / ……… / ………

56. Verbos en -IR. Presente. Una el pronombre con la forma verbal adecuada de la derecha

Yo   abrís, reciben
tú   escribimos, vivís
él, ella, Vd.   suben, abre
nosotros (-as)   recibes, escribes
vosotros (-as)   vivo, subimos
ellos, ellas, Vds.   escribe, abre

57. Género. Masculinos en -a y femeninos en -o

Modelo: **la** mano / **el** clima.

…… día.
…… foto.
…… problema.
…… programa.

...... telegrama.
...... moto.
...... radio.
...... idioma.
...... mapa.
...... clima.
...... sistema.

58. Número. Singular-plural

Modelo: **el** lunes / **los** lunes (sin cambio).

...... martes / ...... martes.
...... miércoles / ...... miércoles.
...... jueves / ...... jueves.
...... paraguas / ...... paraguas.
...... cumpleaños / ...... cumpleaños.

59. Demostrativos. Póngase ESE-A-OS-AS, según los casos

...... casa.
...... hombres.
...... juguete
...... cabezas.
...... cocina.

60. Ejercicio de recopilación de léxico. Haga frases con las siguientes palabras o expresiones

adiós
de nada
por favor
lechuga
chino

buenos días
pescado
colombiano
Londres
Lisboa

61. Haga lo mismo que en el ejercicio anterior

tener suerte
febrero
tener sed
mantequilla
abril
azúcar
gris
septiembre
azul
plátano

Apuntes de clase

unidad 11

62. Presente. (e/ie). Conjugue según el modelo

MODELO: cerrar - cierro - cierras - cierra - cerramos - cerráis - cierran.

empezar: .... / .... / .... / .... / .... / ....
pensar: .... / .... / .... / .... / .... / ....
calentar: .... / .... / .... / .... / .... / ....

63. Presente. (e/ie). Conjugue según el modelo

MODELO: mentir - miento - mientes - miente - mentimos - mentís - mienten.

querer: .... / .... / .... / .... / .... / ....
entender: .... / .... / .... / .... / .... / ....
preferir: .... / .... / .... / .... / .... / ....
perder: .... / .... / .... / .... / .... / ....

64. Presente. (e/ie). Dé la forma adecuada

1. ¿Por qué (cerrar) ...... (tú) la puerta?
2. (Nosotros) (empezar) ...... la lección 20.
3. (Yo) (pensar) ...... en las vacaciones todos los días.
4. ¿No (calentar) ...... (tú) el agua del baño?
5. (Ellos) no (perder) ...... el tiempo.

6. ¿(Entender) ...... (vosotros) italiano?
7. (Ella) no (querer) ...... postre.
8. Enrique (mentir) ......
9. ¿(Preferir) ...... (Vd.) la playa al campo?

65. Demostrativos. Póngase AQUEL, AQUELLA, AQUELLOS, AQUELLAS, según el caso

Modelo: **aquel** botón.

...... lección.
...... cajón.
...... periódicos.
...... plazas.
...... carne.
...... libro.
...... árboles.
...... silla.
...... ventanas.
...... sombrero.

66. Cardinales. Léanse estos números

Ejemplo: 30=**treinta**.

30.	40.	50.
60.	70.	80.
90.	100.	1.000.

67. Expresiones y exclamaciones lexicalizadas. Coloque la expresión más apropiada de la columna de la derecha en las siguientes frases

EJEMPLO: { A) Mañana tengo un examen.
{ B) **¡Buena suerte!**

1. A) Papá está muy mal.
   B) ¡Lo ......!
2. A) ¡Juan, ésta es María!
   B) ¡......!
3. A) ¿Cierro la puerta?
   B) ¡Un ......!
4. A) Este coche es muy caro.
   B) ¡No ......! Tengo dinero.
5. A) Mañana llego a Londres.
   B) ¡Buen ......!

¡No importa!
¡Un momento!
¡Lo siento!
¡Buena suerte!
¡Encantado!
¡Buen viaje!

Apuntes de clase

unidad **12**

68. Presente. (o/ue). Conjugue según el modelo

MODELO: morir - muero - mueres - muere - morimos - morís - mueren.

recordar: .... / .... / .... / .... / .... / ....
volver: .... / .... / .... / .... / .... / ....
dormir: .... / .... / .... / .... / .... / ....

69. Presente. (e/i). Conjugue según el modelo

MODELO: pedir - pido - pides - pide - pedimos - pedís - piden.

repetir: .... / .... / .... / .... / .... / ....
seguir: .... / .... / .... / .... / .... / ....
servir: .... / .... / .... / .... / .... / ....

70. Conjúguese el presente de estos verbos. Observe la alternancia (g/j y c/z)

coger: .... / .... / .... / .... / .... / ....
vencer: .... / .... / .... / .... / .... / ....
exigir: .... / .... / .... / .... / .... / ....

71. Demostrativos. Ponga AQUEL-LLA-LLOS-LLAS, según los casos

...... letras.
...... zapato.
...... página.
...... países.
...... curso.

72. Cardinales. Léanse estos números

23	22
48	56
89	77
66	99
33	62

73. Artículo indeterminado (UN/UNA)

MODELO: **un** amigo / **una** amiga.

...... ciudad.
...... manzana.
...... lápiz.
...... pluma.
...... pez.
...... calle.
...... cafetería.
...... río.
...... naranja.
...... flor.
...... piedra.
...... playa.
...... plaza.
...... bar.

74. Conteste a las siguientes preguntas con un infinitivo apropiado al contexto

EJEMPLO: ¿Para qué sirve un lápiz? —**Para escribir.**

1. ¿Para qué sirve un vaso? —
2. ¿Para qué sirve el dinero? —
3. ¿Para qué sirve un periódico? —
4. ¿Para qué sirven las piernas? —
5. ¿Para qué sirve una llave? —
6. ¿Para qué sirve el teléfono? —
7. ¿Para qué sirve una cama? —
8. ¿Para qué sirve un balón? —

Apuntes de clase

unidad 13

75. Presente. (c/zc). Conjugue según el modelo

Modelo: conocer - conozco - conoces - conoce - conocemos - conocéis - conocen.

conducir: ……… / ……… / ……… / ……… / ……… / ………
traducir: ……… / ……… / ……… / ……… / ……… / ………

76. Conjúguese el presente irregular de este verbo (i/y)

construir: ……… / ……… / ……… / ……… / ……… / ………

77. Conjúguese el presente irregular de este verbo (u/ue)

jugar: ……… / ……… / ……… / ……… / ……… / ………

78. Demostrativos. Complete las palabras según el modelo

Modelo: est-**a** pared.

es…… fiestas.
est…… hospitales.
aqu…… fruta.
aqu…… bancos.
est…… escuelas.

aqu...... fábricas.
aqu...... museo.
es...... taberna.
est...... mercados.
es...... estación.
es...... cine.
est...... trabajo.

79. Género y número del adjetivo. Complete las palabras según el modelo

Modelo: Mujeres alt-**as**.

1. La niña es guap......
2. Estos problemas son nuev......
3. Camisas bonit......
4. Un traje negr......
5. Este chico es simpátic......
6. La canción modern......
7. Coche car......
8. Un postre barat......
9. Nubes blanc......
10. Un hombre gord......

80. Expresión de la hora. Lea estas frases según el modelo

Modelo: { Son las **17.00**=Son las **cinco de la tarde.**
{ Son las **11.15**=Son las **once y cuarto de la mañana.**

Son las 20.
Es la 1.25.
Son las 6.40.
Son las 2.30.
Son las 22.30.
Son las 23.50.
Son las 10.25.

81. Expresión de la hora con SER. Lea las siguientes frases

1. ¿Qué hora es? Es la 1.
2. ¿Qué hora es? Son las 2.
3. ¿Qué hora es? Son las 7.30.
4. ¿Qué hora es? Son las 5.25.
5. ¿Qué hora es? Son las 3.15.
6. ¿Qué hora es? Son las 8.45.
7. ¿Qué hora es? Son las 6.35.
8. ¿Qué hora es? Son las 4.10.

82. Léxico de clase. Haga preguntas correspondientes a estas respuestas

Ejemplo: **La pizarra** está en la pared. —¿Dónde está la pizarra?

1. La *pizarra* es negra. —¿
2. El *diccionario* es inglés-español. —¿
3. El *libro* es del profesor. —¿
4. Esa *tiza* es amarilla. —¿
5. El *pupitre* está aquí. —¿
6. La *papelera* sirve para tirar papeles. —¿

Apuntes de clase

unidad **14**

83. Conjúguese el presente irregular de estos verbos

dar: .... / .... / .... / .... / .... / ....
ir: .... / .... / .... / .... / .... / ....
hacer: .... / .... / .... / .... / .... / ....
venir: .... / .... / .... / .... / .... / ....

84. Conjúguese el presente irregular de estos verbos

oír: .... / .... / .... / .... / .... / ....
poner: .... / .... / .... / .... / .... / ....
saber: .... / .... / .... / .... / .... / ....

85. Conjúguese el presente irregular de estos verbos

salir: .... / .... / .... / .... / .... / ....
traer: .... / .... / .... / .... / .... / ....
ver: .... / .... / .... / .... / .... / ....

86. Posesivos. Póngase MI, MIS, según el caso

MODELO: **mi** bolígrafo.

...... cuenta.
...... diccionario.
...... cajas.
...... reloj.
...... copas.
...... bolsillos.
...... paquete.
...... vestido.
...... corbatas.
...... cuchara.

87. Género del adjetivo. Formación del femenino con -a

MODELO: producto español → casa español**a**.

1. campo inglés → política ......
2. vino francés → ciudad ......
3. coche alemán → ciencia ......
4. café irlandés → canción ......
5. tren japonés → técnica ......
6. baile andaluz → catedral ......
7. hombre hablador → mujer ......
8. obrero trabajador → obrera ......

88. Pronombres personales. Dé la forma del pronombre apropiado según el modelo

MODELO: *me* → **yo.**

te →
lo →
la →

89. Pronombres personales. Dé la forma del pronombre apropiado según el modelo

MODELO: *nosotros-as* → **nos.**

vosotros-as →
ellos →
ellas →
ustedes →

90. Demostrativos. Hágase según el modelo

MODELO: { **(aquí)** → **este** libro
{ **(ahí)** → **ese** libro
{ **(allí)** → **aquel** libro.

(aquí) → …… muebles.
(allí) → …… maleta.
(ahí) → …… jabón.
(aquí) → …… negocios.
(ahí) → …… medicinas.
(aquí) → …… sellos.
(allí) → …… caballos.
(ahí) → …… falda.

91. Expresión de la hora. Conteste a estas preguntas

EJEMPLO: ¿A qué hora sale el tren? —A las 21.30 (veintiuna treinta / nueve y media de la noche).

1. ¿A qué hora llega el avión? —
2. ¿A qué hora abren los bancos? —
3. ¿A qué hora cierran las tiendas? —
4. ¿A qué hora abre Correos? —
5. ¿A qué hora sale el barco? —
6. ¿A qué hora llega el tren? —

Apuntes de clase

unidad **15**

92. Conjúguese el presente irregular de estos verbos

decir: .... / .... / .... / .... / .... / ....
poder: .... / .... / .... / .... / .... / ....
poner: .... / .... / .... / .... / .... / ....

93. Conjúguese el presente irregular del verbo

haber: .... / .... / .... / .... / .... / ....

94. Género. Masculino y femenino en -e

MODELO: **el** aceite ≠ **la** leche.

...... viaje.
...... diente.
...... muerte.
...... llave.
...... tomate.
...... noche.
...... nieve.
...... chiste.
...... pie.
...... sangre.

95. Posesivos. Póngase TU, TUS, según el caso

Modelo: **tu** cuchillo.

...... teléfono.
...... negocios.
...... pluma.
...... puerta.
...... calcetines.
...... gafas.
...... calle.
...... máquinas.
...... pisos.
...... caballo.

96. Género. Adjetivos invariables. Lea estas formas

Modelo: hombre **pobre** / mujer **pobre**.

profesor inteligente / profesora inteligente.
muchacho alegre / muchacha alegre.
libro interesante / pregunta interesante.
color gris / pared gris.
cielo azul / camisa azul.
ejercicio fácil / respuesta fácil.
caso importante / palabra importante.
hombre popular / expresión popular.

97. Contracciones. Ponga AL o DEL en estas frases

1. Emilia va ...... colegio.
2. Vengo ...... médico.
3. Esperamos ...... maestro.
4. Él escribe una carta ...... periódico.
5. El mercado ...... pueblo es grande.

6. El clima ...... norte es húmedo.
7. La madrina ...... niño es castellana.
8. Roma está ...... sur de Milán.

98. Uso de SER. Lea estas frases

1. La clase **es a** las 11.30 de la mañana.
2. En este hotel, la comida **es a** las 2 de la tarde.
3. En mi casa, la cena es a las 10 de la noche.
4. La conferencia en el club es a las 7.30 de la tarde.
5. La reunión es a las 11 de la mañana.
6. La corrida de toros es a las 5 de la tarde.

99. Léxico de prendas de vestir. Complete las siguientes frases con la palabra adecuada

1. Las mujeres usan faldas y pantalones; los hombres, ...
2. Las mujeres usan medias; los hombres, ...
3. Las mujeres usan blusas; los hombres, ...
4. Las mujeres usan bragas; los hombres, ...
5. Las mujeres usan vestidos; los hombres, ...

Apuntes de clase

unidad **16**

100. Imperativo. Verbos en -AR. Hágase según el modelo

Modelo: estudi*ar* → estudi**a** (tú) / estudi**ad** (vosotros-as).

tomar → ...... / ......
trabajar → ...... / ......
usar → ...... / ......
hablar → ...... / ......
comprar → ...... / ......
mirar → ...... / ......

101. Imperativo negativo. Verbos en -AR. Hágase según el modelo

Modelo: us*ar* → **no** us**es** (tú) / **no** us**éis** (vosotros-as).

trabajar → ...... / ......
mirar → ...... / ......
hablar → ...... / ......
tomar → ...... / ......
comprar → ...... / ......
estudiar → ...... / ......

102. Imperativo. Verbos en -AR. Hágase según el modelo

MODELO: trabaj*ar* → { trabaje (Vd.) / trabajen (Vds.)
no trabaje (Vd.) / no trabajen (Vds.).

estudiar → ...... / ......
...... / ......

comprar → ...... / ......
...... / ......

hablar → ...... / ......
...... / ......

usar → ...... / ......
...... / ......

mirar → ...... / ......
...... / ......

tomar → ...... / ......
...... / ......

103. Género de nombres terminados en -l

MODELO: **el** mal ≠ **la** piel.

...... cárcel.
...... sal.
...... hotel.
...... portal.
...... papel.
...... árbol.
...... postal.
...... hostal.
...... señal.
...... animal.

104. Posesivos. Póngase NUESTRO, NUESTRA, NUESTROS, NUESTRAS, según el caso

Modelo: **nuestra** iglesia.

...... tenedores.
...... médico.
...... nevera.
...... cerveza.
...... jabón.
...... tazas.
...... revista.
...... cajas.
...... baño.
...... escaleras.

105. Artículo indeterminado. Ponga estas palabras en plural

un plato gallego →
una noche oscura →
una tienda céntrica →
un tomate verde →
una cosa corriente →
un producto natural →
una mesa ancha →
una noticia importante →
un señor amable →

106. Expresión del peso y la medida. Lea estas frases

1. Jorge mide 1.80 m.
2. Luisa pesa 55 kgs.
3. Granada está a 430 km de Madrid.
4. ¿Cuánto pesas? Peso 75 kg.
5. Esta habitación mide 6 m de largo.

6. La mesa tiene 1 m de ancho.
7. La torre de la iglesia mide 40 m de alto.
8. En esta piscina caben 20.000 l. de agua.
9. Estos filetes pesan 300 grs.

107. Antónimos de adjetivos. Identifique los correspondientes de cada columna

feo	≠	corto
largo	≠	gordo
alto	≠	estrecho
delgado	≠	guapo (bonito)
ancho	≠	bajo
triste	≠	alegre (contento)

Apuntes de clase

unidad 17

108. Imperativo. Verbos en -ER. Hágase según el modelo

MODELO: beber → bebe (tú) / bebed (vosotros-as).

comprender → ...... / ......
aprender → ...... / ......
meter → ...... / ......
comer → ...... / ......
leer → ...... / ......
correr → ...... / ......

109. Imperativo negativo. Verbos en -ER. Hágase según el modelo

MODELO: meter → no metas (tú) / no metáis (vostros-as).

beber → ...... / ......
aprender → ...... / ......
leer → ...... / ......
comprender → ...... / ......
correr → ...... / ......
comer → ...... / ......

110. Imperativo. Verbos en -ER. Hágase según el modelo

Modelo: aprender → { aprenda (Vd.) / aprendan (Vds.).
no aprenda (Vd.) / no aprendan (Vds.).

leer → ...... / ......
...... / ......

beber → ...... / ......
...... / ......

comprender → ...... / ......
...... / ......

comer → ...... / ......
...... / ......

correr → ...... / ....
...... / ......

meter → ...... / ......
...... / ......

111. Pronombres personales. Ponga el pronombre correspondiente, según el modelo

Modelo: (a mí) { **me** gusta Julio Iglesias (personas).
me gusta dormir (infinitivos).
me gusta la paella (cosas).

1. (A él) ...... gusta el flamenco.
2. (A ella) ...... gusta andar.
3. ¿No (a Vd.) ...... gusta la tortilla de patatas?
4. (A nosotros) ...... gusta el calor.
5. ¿(A vosotras) ...... gusta la playa?
6. ¿(A Vds.) ...... gusta Jane Fonda?
7. No (a ellos) ...... gusta el director.
8. (A ti) ...... gusta comer bien.

112. Posesivos. Póngase VUESTRO, VUESTRA, VUESTROS, VUESTRAS, según el caso

Modelo: **vuestros** padres.

...... ropa.
...... programa.
...... exámenes.
...... vacaciones.
...... mantel.
...... papeles.
...... costumbre.
...... leyes.
...... rey.
...... manos.

113. Comparación del adjetivo (MÁS - QUE)

Modelo: La Luna es **más** pequeña **que** la Tierra.

1. Este gato es ...... grande ...... tu perro.
2. El día es ...... largo ...... la noche.
3. Un telegrama es ...... caro ...... una carta.
4. El bolígrafo es ...... práctico ...... la pluma.
5. El mercado es ...... viejo ...... la iglesia.

114. Ponga el verbo GUSTAR en la forma correcta del presente, según el modelo

Modelo: { Me **gustan** las vacaciones.
{ Me **gustan** los italianos.

1. ¿No te ...... estos tomates?
2. No le ...... los políticos.
3. No nos ...... esas tiendas.
4. ¿Os ...... los relojes suizos?
5. Les ...... mucho sus vecinos.

115. Lea estas letras del alfabeto

a	b	c
d	ch	e
f	g	h
i	j	k

Apuntes de clase

unidad **18**

116. Imperativo. Verbos en -IR. Hágase según el modelo

Modelo: abr**ir** → abr**e** (tú) / abr**id** (vosotros-as).

escribir → ...... / ......
recibir → ...... / ......
dividir → ...... / ......
subir → ...... / ......
repartir → ...... / ......

117. Imperativo negativo. Verbos en -IR. Hágase según el modelo

Modelo: escrib**ir** → **no** escrib**as** (tú) / **no** escrib**áis** (vosotros-as).

subir → ...... / ......
dividir → ...... / ......
abrir → ...... / ......
repartir → ...... / ......
recibir → ...... / ......

105

118. Imperativo. Verbos en -IR. Hágase según el modelo

MODELO: sub**ir** → { suba (Vd.) / suban (Vds.).
no suba (Vd.) / **no** suban (Vds.).

dividir → ...... / ......
...... / ......
abrir → ...... / ......
...... / ......
escribir → ...... / ......
...... / ......
recibir → ...... / ......
...... / ......
repartir → ...... / ......
...... / ......

119. Posesivos. Póngase SU, SUS, según el caso

MODELO: **su** helado.

...... sombreros.
...... muebles.
...... jersey.
...... boca.
...... motor.
...... tortilla.
...... carne.
...... blusas.
...... regalos.
...... espejo.

120. Comparación del adjetivo (TAN - COMO)

MODELO: La cerveza (no) es **tan** cara **como** el vino.

1. Marzo es ...... largo ...... julio.
2. El cine no es ...... antiguo ...... el teatro.
3. El bigote no es ...... corriente ...... la barba.
4. El barco no es ...... rápido ...... el avión.
5. Pedro es ...... gordo ...... Juan.
6. Esta chaqueta es ...... elegante ...... el abrigo.

121. Lea estas letras del alfabeto

i   j   k
l   ll   m
n   ñ   o

122. Expresión del peso y la medida. Conteste a estas preguntas

1. ¿Cuánto mide la torre de la iglesia? —
2. ¿A qué distancia está Granada de Madrid? —
3. ¿Cuánto pesa Luisa? —
4. ¿Cuánto tiene la mesa de ancho? —
5. ¿Cuántos litros de agua caben en esta piscina? —
6. ¿Cuánto mide Jorge? —
7. ¿Cuánto pesan estos filetes? —
8. ¿Cuánto mide esta habitación de largo? —

123. Nombres de animales domésticos. Complete las palabras siguientes con las letras necesarias

b - - - o
c - - - - - o
p - - - o
g - - o
v - - a
g - - - - - a

Apuntes de clase

unidad **19**

124. Imperativo (e/ie). Repita según el modelo

Modelo: pensar → { piensa (tú)   / piense (Vd.).
                   pensad (vosotros-as) / piensen (Vds.).

cerrar   → ...... / ......
             ...... / ......
encender → ...... / ......
             ...... / ......
despertar → ...... / ......
             ...... / ......
calentar → ...... / ......
             ...... / ......

125. Imperativo. Hágase el ejercicio anterior en forma negativa, según el modelo

Modelo: pensar → { no pienses (tú)   / no piense (Vd.).
                   no penséis (vosotros-as) / no piensen (Vds.).

126. Número de sustantivos en -z (z > ces)

Modelo: la luz / las luces.

el lápiz / los ......
el pez / los ......
la cruz / las ......
la vez / las ......

127. Posesivos. Complete las palabras según el modelo

Modelo: nuestr-o amor.

m...... viajes.
vuestr...... pregunta.
t...... sellos.
vuestr...... faldas.
t...... maletas.
s...... mujer.
s...... medicinas.
nuestr...... habitación.
s...... respuesta.
m...... barcos.
vuestr...... espejo.
m...... cena.

128. Superlativo del adjetivo con MUY

Modelo: este viaje es *barato* + *barato* = **muy** barato.

1. El problema es difícil + difícil =
2. El aire es puro + puro =
3. La noche es larga + larga =
4. La playa es ancha + ancha =
5. El postre es dulce + dulce =
6. El avión es rápido + rápido =

129. Lea estas letras del alfabeto

p	q	r
rr	s	t
u	v	w
x	y	z

130. Nombres de establecimientos. Conteste a estas preguntas con el nombre apropiado

EJEMPLO: ¿Dónde compras el pan? —**En la panadería.**

1. ¿Dónde compras las medicinas? —
2. ¿Dónde compras los cigarrillos? —
3. ¿Dónde compras los sellos? —
4. ¿Dónde compras la carne? —
5. ¿Dónde compras el pescado? —
6. ¿Dónde compras las herramientas? —
7. ¿Dónde compras los libros? —
8. ¿Dónde compras los cepillos de dientes? —

Apuntes de clase

unidad **20**

131. Imperativo (o/ue). Repita según el modelo

MODELO: volver → { vuelve (tú) / vuelva (Vd.).
volved (vosotros-as) / vuelvan (Vds.).

recordar → ...... / ......
...... / ......
mover → ...... / ......
...... / ......
soltar → ...... / ......
...... / ......
contar → ...... / ......
...... / ......

132. Imperativo negativo. Hágase el ejercicio anterior según el modelo

MODELO: volver → { no vuelvas (tú) / no vuelva (Vd.).
no volváis (vosotros-as) / no vuelvan (Vds.).

133. Posesivos. Ponga MÍO-A-OS-AS, TUYO-A-OS-AS, según convenga

1. El traje es (de mí) ......
2. Estas ovejas son (de ti) ......
3. Aquel periódico es (de mí) ......

4. Esta isla es (de mí) ......
5. Estos papeles son (de ti) ......
6. La silla es (de mí) ......

134. Léanse estos números ordinales

1.º
2.º
3.º
4.º
5.º

135. Póngase PRIMER o TERCER, según los casos

1. Vivimos en el (1)...... piso.
2. Esta autora tiene el (3)...... premio.
3. Éste es el (1) ...... caso de gripe este año.
4. Está en el (3)...... lugar de la lista.
5. El miércoles es el (3)...... día de la semana.
6. Enero es el (1)...... mes del año.

136. Pónganse las formas apropiadas de los ordinales en estas frases

1. Las (1)...... semanas de vida son las más difíciles.
2. Febrero es el (2) ...... mes del año.
3. Viven en el (1)...... y nosotros en el (3)......
4. Vds. son los (1)......
5. Ésta es la (4)...... vez.
6. Este ascensor sube al (5)......
7. Mi padre está en la (3)...... edad de la vida.
8. Esta señora es la (5)...... en la cola.

137. Recopilación de léxico. Haga frases con las siguientes palabras o expresiones

panadería
delgado
calzoncillos
papelera
¡lo siento!
ir de paseo
tiza
estrecho
¡buen viaje!

138. Recopilación de léxico. Haga frases con las siguientes palabras o expresiones

pupitre
triste
vestido
perfumería
falda
valer la pena
carnicería

Apuntes de clase

unidad **21**

139. Imperativo (e/i). Repita según el modelo

Modelo: servir → { sirve (tú) / sirva (Vd.).
servid (vosotros-as) / sirvan (Vds.).

pedir → ...... / ......
...... / ......
medir → ...... / ......
...... / ......
seguir → ...... / ......
...... / ......
repetir → ...... / ......
...... / ......

140. Imperativo negativo. Hágase el ejercicio anterior, según el modelo

Modelo: servir → { no sirvas (tú) / no sirva (Vd.).
no sirváis (vosotros-as) / no sirvan (Vds.).

141. Imperativo. Cambios ortográficos. Ponga en forma negativa

coge →
coged →
conducid →

corrige →
huye →
construye →
apaga →
juega →
coja Vd. →
exige →
traduce →
corregid →
huid →
sustituid →
paga →
jugad →

142. Lea estos números ordinales

6.º
7.º
8.º
9.º
10.º

143. Posesivos. Ponga SUYO-A-OS-AS, según convenga

1. Estas sábanas son (de él) ......
2. El sobre es (de Vd.) ......
3. Esas herramientas son (de ellos) ......
4. Ese tubo es (de ellas) ......
5. Esta taza de chocolate es (de ella) ......
6. Los melones son (de Vds.) ......

144. Días de la semana. Complete las frases según el modelo

Modelo: El primer día de la semana es el **lunes.**

1. El segundo día de la semana es el ......
2. El tercero es el ......
3. El cuarto es el ......
4. El quinto es el ......
5. El sexto es el ......
6. El séptimo es el ......

145. Ponga los artículos EL o LOS, según el modelo

Modelo: Hoy es lunes; **el (los)** lunes me levanto temprano.

1. Mañana es martes; ...... martes voy al supermercado.
2. Hoy es sábado; ...... sábados descanso.
3. Mañana es miércoles; ...... miércoles veo la película de la tele.
4. Hoy es domingo; ...... domingos no salgo de casa.
5. Mañana es jueves; ...... jueves hacemos jogging.
6. Hoy es viernes; ...... viernes cenamos fuera.

146. Modismos con HACER. Conteste a estas preguntas afirmativa o negativamente

Ejemplo: ¿Hace frío hoy? —**Sí/no** hace frío.

1. ¿Hace viento esta mañana? —
2. ¿Hace buen tiempo hoy? —
3. ¿Hace frío en tu país? —
4. ¿Hace calor en la clase? —
5. ¿Hace sol esta tarde? —
6. ¿Hace aire en el jardín? —

Apuntes de clase

unidad **22**

147. Imperativos irregulares. Dé el infinitivo correspondiente a estas formas del imperativo

Modelo: sal → salir.

ten →
ve →
haz →
sé →
pon →
ven →
di →

148. Imperativos irregulares. Ponga en forma afirmativa

no tengas →
no vengas →
no pongas →
no veas →
no hagas →
no digas →
no seas →

149. Artículo determinado con días de la semana. Conteste a estas preguntas libremente

EJEMPLO: ¿Qué hace Vd. **los lunes?** —**Los lunes** voy a clase.

1. ¿Qué haces el martes? —
2. ¿Qué haces el miércoles? —
3. ¿Qué hace Vd. los jueves? —
4. ¿Qué haces el viernes? —
5. ¿Qué hace Vd. los sábados? —
6. ¿Qué haces el domingo? —

150. Género. Adjetivos invariables. Use estos adjetivos con nombres masculinos o femeninos apropiados

triste
verde
alegre
útil
urgente
común

151. Verbo CAER y estaciones del año. Conteste a estas preguntas

1. ¿En qué estación del año cae abril? —
2. ¿En qué estación cae julio? —
3. ¿En qué estación cae enero? —
4. ¿En qué estación cae noviembre? —
5. ¿En qué estación cae agosto? —
6. ¿En qué estación cae mayo? —

152. SER. Expresión de la fecha. Conteste libremente a estas preguntas según el ejemplo

Ejemplo: ¿Qué fecha es hoy? —Hoy es lunes, 20 de septiembre de 1982.

1. ¿Qué fecha es mañana? —
2. ¿(En) qué fecha empieza el curso? —
3. ¿(En) qué fecha cae tu cumpleaños? —
4. ¿Qué fecha es el próximo miércoles? —
5. ¿En qué fecha terminan las clases? —

153. Nombres de lenguas. Conteste a las siguientes preguntas con el sustantivo de lengua adecuado

1. ¿Qué lengua habla Vd.? —
2. ¿Qué lengua habla Yoko? —
3. ¿Qué lengua habla Alí? —
4. ¿Qué lengua habla Helga? —
5. ¿Qué lengua habla Jim? —
6. ¿Qué lengua habla Giovanni? —
7. ¿Qué lengua habla Aristóteles? —
8. ¿Qué lengua habla Monique? —
9. ¿Qué lengua habla Manolo? —

Apuntes de clase

unidad **23**

154. Expresión del futuro inmediato. Ponga la forma apropiada del presente de IR A, según el modelo

Modelo: Mañana (yo) **voy a** visitarte.

1. Mañana (tú) ...... dar clase.
2. Mañana (él) ... llamarnos por teléfono.
3. Mañana (ella) ...... trabajar menos.
4. Mañana (Vd.) ...... recibir un premio.
5. Mañana (nosotros-as) ...... coger el metro.
6. Mañana (vosotros-as) ...... saber la verdad.
7. Mañana (ellos-as) ...... pintar la casa.
8. Mañana (Vds.) ...... tener tiempo.

155. Expresión del futuro inmediato. Haga frases con estas palabras y una forma apropiada del presente de IR A + infinitivo

Ejemplo: *La semana que viene* **voy a comer** al campo.

1. El mes que viene —
2. Esta noche —
3. Ahora —
4. Luego —
5. El año que viene —
6. Pasado mañana —
7. Mañana por la mañana —
8. La semana que viene —

9. Esta tarde —
10. El verano que viene —

156. Imperativos irregulares. Dé las formas de imperativo, afirmativa y negativa, correspondientes a Vd./Vds., de estos verbos

dar: ...... / ...... /
...... / ...... /

hacer: ...... / ...... /
...... / ...... /

poner: ...... / ...... /
...... / ...... /

decir: ...... / ...... /
...... / ...... /

ir: ...... / ...... /
...... / ...... /

oír: ...... / ...... /
...... / ...... /

traer: ...... / ...... /
...... / ...... /

157. Imperativos irregulares. Dé el plural (VOSOTROS) correspondiente a estas formas

di: ......
ven: ......
ve: ......
sé: ......
haz: ......
ten: ......
pon: ......

158. Verbos CAER y SER. Conteste a estas preguntas

1. ¿Cuándo es tu cumpleaños? —
2. ¿En qué mes (o meses) cae la Semana Santa? —
3. ¿Cuándo es el día de tu santo? —
4. ¿En qué mes cae su aniversario de boda? —
5. ¿En qué mes cae el Carnaval? —
6. ¿Cuándo son las vacaciones de Navidad? —
7. ¿En qué meses caen las vacaciones de verano? —

159. Conteste a estas preguntas con la preposición CON y la palabra o palabras adecuadas

1. ¿Con qué comemos la carne? —
2. ¿Con qué abrimos las puertas? —
3. ¿Con qué escribimos? —
4. ¿Con qué tomamos la sopa? —
5. ¿Con qué cortamos las telas? —
6. ¿Con qué anda un coche? —

Apuntes de clase

unidad **24**

160. Ponga la forma correspondientes del indefinido de SER con ordinales, según el modelo

MODELO: (Yo) **fui** *el (la)* primer*o(a)*.

(Tú) ...... el (la) primero(a).
(Él, ella, Vd.) ...... el (la) primero(a).
(Nosotros-as) ...... los (las) primeros(as).
(Vosotros-as) ...... los (las) primeros(as).
(Ellos-as, Vds.) ...... los (las) primeros(as).

161. Ponga la forma correspondiente del indefinido de SER con ordinales, según el modelo

MODELO: ¿**Fui** (yo) el (la) primero(a)?

¿...... (tú) el (la) segundo(a)?
¿...... (él, ella, Vd.) el (la) segundo(a)?
¿...... (nosotros-as) los (las) segundos(as)?
¿...... (vosotros-as) los (las) segundos(as)?
¿...... (ellos, ellas, Vds.) los (las) segundos(as)?

162. Ponga la forma correspondiente del indefinido de SER con ordinales, según el modelo

Modelo: (Yo) **no fui** el tercero.

1. (Tú) .... el (la) tercero(a).
2. (Él, ella, Vd.) .... el (la) tercero(a).
3. (Nosotros-as) .... los (las) terceros(as).
4. (Vosotros-as) .... los (las) terceros(as).
5. (Ellos-as, Vds.) .... los (las) terceros(as).

163. Verbo SER. Conteste a estas preguntas libremente

1. ¿Qué día es hoy? —
2. ¿Qué día es mañana? —
3. ¿Qué día va Vd. a la iglesia? —
4. ¿Qué día descansas? —
5. ¿Qué días trabaja Vd.? —
6. ¿Qué días tenéis vosotras clase? —

164. Ponga el acento ortográfico en la sílaba adecuada de los siguientes nombres

arbol
medico
salon
mama
azucar
pajaro
America
Tomas
lapiz

165. Conteste a las siguientes preguntas utilizando el nombre de la habitación de la casa adecuado en cada caso

1. ¿Dónde hace Vd. la comida? —
2. ¿Dónde recibe Vd. a sus amigos? —
3. ¿Dónde duerme Vd.? —
4. ¿Dónde bañamos al niño? —
5. ¿Dónde sirve Vd. la comida? —

Apuntes de clase

unidad **25**

166. Ponga la forma correspondiente del indefinido de SER con ordinales, según el modelo

Modelo: ¿No **fui** (yo) el tercero?

1. ¿No ...... (tú) el (la) tercero(a)?
2. ¿No ...... (él, ella, Vd.) el (la) tercero(a)?
3. ¿No ...... (nosotros-as) los (las) terceros(as)?
4. ¿No ...... (vosotros-as) los (las) terceros(as)?
5. ¿No ...... (ellos-as, Vds.) los (las) terceros(as)?

167. Ponga la forma correspondiente del indefinido de ESTAR, según el modelo

Modelo: Ayer (yo) **estuve** enfermo(a).

1. Ayer (tú) ...... enfermo(a).
2. Ayer (él, ella, Vd.) ...... enfermo(a).
3. Ayer (nosotros-as) ...... enfermos(as).
4. Ayer (vosotros-as) ...... enfermos(as).
5. Ayer (ellos-as, Vds.) ...... enfermos(as).

168. Conteste a estas preguntas con la forma apropiada del indefinido de ESTAR, según el modelo

Modelo: ¿Cuándo **estuvo** Vd. enfermo? —Ayer **estuve** enfermo.

1. ¿Cuándo estuviste enfermo? —Ayer (yo) ...... enfermo.
2. ¿Cuándo estuvo (Vd., él, ella) enfermo(a)? —Ayer ...... enfermo(a).
3. ¿Cuándo estuvimos (nosotros) enfermos? —Ayer ...... enfermos.
4. ¿Cuando estuvisteis (vosotros) enfermos? —Ayer ...... enfermos.
5. ¿Cuándo estuvieron (ellos-as, Vds.) enfermos(as)? —Ayer ...... enfermos(as).

169. Ponga la forma correspondiente del pronombre reflexivo según el modelo

Modelo: **Me** lavo.

...... levanto.
...... acuestas.
...... viste (él).
...... peina (ella).
...... baña (Vd.).
...... quitamos.
...... ponéis.
...... sientan (ellos).
...... limpian (Vds.).
...... paran (ellas).
...... equivoca (ella).

170. Verbos reflexivos. Ponga el verbo en la forma correcta del presente

1. Jaime (levantarse) ...... temprano.
2. (Él) no (quitarse) ...... los zapatos en casa.
3. (Yo) (vestirme) ...... de torero.
4. (Ella) (bañarse) ...... con agua fría.
5. Este autobús no (pararse) ...... en esta parada.

171. Conteste a estas preguntas con una frase completa

1. ¿A qué hora se levantan ellas)? ......
2. ¿A qué hora se acuestan Vds.? ......
3. ¿A qué hora se baña el niño? ......
4. ¿A qué hora te acuestas en invierno? ......
5. ¿A qué hora te duchas? ......
6. ¿A qué hora te levantas los domingos? ......

172. Conteste a las siguientes preguntas con la palabra o palabras adecuadas

1. ¿Con qué se limpia Vd. los dientes? —
2. ¿Con qué se seca Vd. las manos? —
3. ¿Con qué se lava Vd.? —
4. ¿Con qué se peina Vd.? —
5. ¿Con qué se pinta Vd. los labios? —
6. ¿Con qué se afeita Vd.? —

Apuntes de clase

unidad **26**

173. Verbos en -AR. Conjúguese el indefinido de estos verbos

hablar: .... / .... / .... / .... / .... / ....
trabajar: .... / .... / .... / .... / .... / ....
estudiar: .... / .... / .... / .... / .... / ....

174. Verbos en -ER e -IR. Conjúguese el indefinido de estos verbos

comer: .... / .... / .... / .... / .... / ....
comprender: .... / .... / .... / .... / .... / ....
vivir: .... / .... / .... / .... / .... / ....
escribir: .... / .... / .... / .... / .... / ....

175. Ponga el verbo en la forma apropiada del indefinido, según los casos

1. ¿(Aprender) ...... (tú) mucho en la Universidad?
2. (Ellas) no (abrir) ...... la ventana.
3. ¿(Estudiar) ...... Clara en Oxford?
4. Antonio (vivir) ...... mucho tiempo en el norte de Europa.
5. Miguel (subir) ...... las escaleras de dos en dos.
6. ¿(Recibir) ...... Vd. el telegrama?
7. Ayer (yo) (tomar) ...... chocolate con Mara.

176. Haga preguntas apropiadas para estas respuestas con el indefinido

Ejemplo: **Vi** a María el lunes. —¿**Viste** a María el lunes?

1. ¿......? —No hablamos con el portero.
2. ¿......? —Vi la foto en el periódico.
3. ¿......? —Mis padres no usaron el garaje.
4. ¿......? —(Ellas) compraron la mantequilla.
5. ¿......? —La alumna escribió la frase en la pizarra.
6. ¿......? —(Ellos) vivieron en el sur de España.
7. ¿......? —(Nosotros) tomamos una taza de té.
8. ¿......? —(Él) no abrió la puerta del coche.

177. Verbos reflexivos. Ponga el verbo en la forma correcta del presente

1. (Él) (limpiarse) ...... las gafas con el pañuelo.
2. Mi hermano (ponerse) ...... el jersey en verano.
3. Los viejos (sentarse) ...... al sol.
4. Vosotras (acostarse) ...... tarde.
5. Nosotros (peinarse) ...... tres veces al día.
6. Luis (equivocarse) ...... mucho.

178. Conteste a estas preguntas según el modelo

Modelo: ¿Cómo **te llamas?** —**Me llamo** Juan.

1. ¿Cómo se llama Vd.? —
2. ¿Cómo se llama ella? —
3. ¿Cómo se llama tu amigo? —
4. ¿Cómo os llamáis? —
5. ¿Cómo se llaman estos estudiantes? —
6. ¿Cómo se llaman Vds.? —

179. Modismos con TENER. Use la palabra adecuada de la columna de la derecha

1. Me voy a la cama; tengo ......   prisa
2. Voy a coger un taxi; tengo ......   miedo
3. El plato está muy caliente; ¡ten ......! sueño
4. Ayer perdí el tren; tú tienes ......!   cuidado
5. Hoy es jueves y no viernes; ¡no tienes ......! razón
6. ¿No subes al avión?, ¿tienes ......?   la culpa

180. Modismos con TENER. Conteste a las siguientes preguntas con las expresiones del ejercicio anterior

1. ¿Por qué corre tu amiga? —Porque ......
2. ¿Por qué te acuestas temprano hoy? —Porque ......
3. ¿Por qué pierde el dinero? —Porque no ......
4. ¿Por qué pides perdón? —Porque ......
5. ¿Por qué estás tan seguro? —Porque ......
6. ¿Por qué no subes al árbol? —Porque ......

Apuntes de clase

unidad **27**

181. Verbos irregulares. Conjugue el indefinido de estos verbos

EJEMPLO: tener: **tuve - tuviste - tuvo - tuvimos - tuvisteis - tuvieron.**

poder: .... / .... / .... / .... / .... / ....
andar: .... / .... / .... / .... / .... / ....
saber: .... / .... / .... / .... / .... / ....
poner: .... / .... / .... / .... / .... / ....

182. Verbos irregulares. Ponga la forma apropiada del indefinido de estos verbos

1. (Yo) (andar) ...... siete kilómetros.
2. (Nosotros) (saber) ...... la noticia a las ocho.
3. (Ella) (poner) ...... el bocadillo de jamón en la nevera.
4. (Ellas) no (poder) ...... llegar a tiempo.
5. ¿(Vosotros) ayer (tener) ...... frío?
6. ¿(Andar) ...... (tú) todo el camino?

183. Verbos irregulares. Conjugue el indefinido de estos verbos

Ejemplo: hacer (yo, tú, él, etc.): **hice, hiciste, hizo, hicimos, hicisteis, hicieron.**

decir { ...... / ...... / ...... / ...... / ...... / ...... } la verdad

venir { ...... / ...... / ...... / ...... / ...... / ...... } tarde

querer { ...... / ...... / ...... / ...... / ...... / ...... } preguntarlo

dar { ...... / ...... / ...... / ...... / ...... / ...... } el regalo

184. Verbos irregulares. Conjugue el indefinido de estos verbos

Ejemplo: ir: **fui - fuiste - fue - fuimos - fuisteis - fueron.**

traer: .... / .... / .... / .... / .... / ....
poder: .... / .... / .... / .... / .... / ....

185. Dé la forma correcta del indefinido de estos verbos

1. (Vds.) (venir): ......
2. (Vosotras) (dar): ......
3. (Ellos) (hacer): ......
4. (Tú) (decir): ......
5. (Vd.) (querer): ......
6. (Ella) (traer): ......
7. (Yo) (ir): ......
8. (Nosotros) (poder): ......

186. Léanse estos numerales en contexto

Ejemplo: 1 mujer = **una** mujer.

4 hombres
el 5 piso
la 6 vez
Isabel II
12 personas
28 pesetas
León X
La 9 sinfonía
lección 9
41 dólares
Juan Carlos I
la 4 línea

187. TENER. Expresión de la edad. Conteste a estas preguntas libremente

Ejemplo: ¿Cuántos años tiene Vd.? —**Tengo 40 años.**

1. ¿Cuántos años tiene tu padre? —
2. ¿Cuántos años tiene su madre (de Vd.)? —
3. ¿Cuántos años tiene tu prima? —

4. ¿Cuántos años tiene su hija (de él)? —
5. ¿Cuántos años tiene tu abuela? —
6. ¿Cuántos años tiene su marido (de Vd.)? —
7. ¿Cuántos años tiene su mujer (de él)? —
8. ¿Cuántos años tiene tu tío? —

Apuntes de clase

unidad **28**

188. Verbos irregulares. Póngase el verbo entre paréntesis en la forma apropiada del indefinido

1. Carmen y Luisa no (traer) ...... dinero.
2. ¿A qué hora (venir) ...... tus hermanos?
3. (Nosotros) nunca (saber) ...... la verdad.
4. Ayer (vosotros) no (ir) ...... a clase.
5. (Ellas) no (querer) ...... viajar en avión.
6. La policía no me (dar) ...... el pasaporte.
7. ¿Qué (hacer) ...... (tú) la semana pasada?
8. (Yo) (decir) ...... muchas cosas en la reunión.
9. ¿(Vosotros) (poder) ...... dormir después de la cena?

189. Conjugue el imperfecto de los siguientes verbos regulares en -AR, según el modelo

Modelo: hablar: habl**aba** - habl**abas** - habl**aba** - habl**ábamos** - habl**abais** - habl**aban.**

estudiar: .... / .... / .... / .... / .... / ....
trabajar: .... / .... / .... / .... / .... / ....
tomar: .... / .... / .... / .... / .... / ....

190. Complete las formas de estos verbos con las terminaciones correspondientes del imperfecto, según el modelo
(verbos en -ER e -IR)

Modelo: comer: com-ía, com-ías, com-ía, com-íamos, com-íais, com-ían.

escribir: escrib-..., escrib-..., escrib-..., escrib-..., escrib-..., escrib-...

beber: beb-..., beb-..., beb-..., beb-..., beb-..., beb-...

recibir: recib-..., recib-..., recib-..., recib-..., recib-..., recib-...

aprender: aprend-..., aprend-..., aprend-..., aprend-..., aprend-..., aprend-...

191. Dé la forma correcta del imperfecto de estos verbos

1. (Tú) (pensar) ......
2. (Vosotras) (entender) ......
3. (Vds.) (preferir) ......
4. (Nosotros) (recordar) ......
5. (Ellas) (dormir) ......
6. (Yo) (traducir) ......
7. (Vosotros) (estar) ......

192. Dé la forma correcta del imperfecto de estos verbos

1. (Ellos) (vivir) ...... en mi calle.
2. (Margarita) (usar) ...... tu coche.
3. (Mi vecino) (perder) ...... siempre las llaves.
4. (Vd.) (pensar) ...... en sus hijos.
5. (Los niños) (soler) ...... despertarse temprano.
6. (Mi novio) (empezar) ...... a trabajar a las nueve.
7. (Ella) (estar) ...... en casa antes de las diez.

**193. Lectura de signos matemáticos en operaciones aritméticas.
Uso de SER**

Ejemplo: 2+2=4 (dos más dos **son** cuatro).

1. 1 − 1 = 0
2. 5 × 4 = 20
3. 15 + 15 = 30
4. 100 : 20 = 5
5. 6 × 10 = 60
6. 55 − 15 = 40
7. 21 : 3 = 7
8. 75 + 5 = 80

+ (más)
− (menos)
× (por)
: (entre)

194. Nombres de países y ciudades. Rellene los puntos con el nombre de la ciudad correspondiente de la columna de la derecha

1. La capital de Suecia es ......
2. La capital de la India es ......
3. La capital de Bélgica es ......
4. La capital de Holanda es ......
5. La capital de Suiza es ......

Berna
La Haya
Estocolmo
Nueva Delhi
Bruselas

Apuntes de clase

unidad 29

195. Dé la forma apropiada del imperfecto de SER

(yo) ....
(tú) .... } el (la) primero(a)
(él, ella, Vd.). ...

(nosotros-as) .....
(vosotros-as) ..... } los (las) primeros(as)
(ellos-as, Vds.) ...

196. Dé la forma apropiada del imperfecto de VER

(yo) ....
(tú) ....
(él, ella, Vd.). ...
(nosotros-as) .....
(vosotros-as) .....
(ellos-as, Vds.) ...

197. Dé la forma apropiada del imperfecto de IR

(yo) ....   a la fiesta.
(tú) ....   a la fiesta.
(él, ella, Vd.). ...   a la fiesta.
(nosotros-as) .....   a la fiesta.
(vosotros-as) .....   a la fiesta.
(ellos-as, Vds.) ...   a la fiesta.

198. Complete las formas de SER, IR y VER con las terminaciones correspondientes del imperfecto

(Ellos) e...... extranjeros.
(Tú) i...... a pie.
(Vosotros) v...... bien.
(Mi padre) e...... capitán.
(Nosotras) í...... delante de ella.
(Carmina) no v...... sin gafas.

199. Dé la forma apropiada del imperfecto de los siguientes verbos

1. (Ser) ...... las siete de la tarde.
2. (Nosotros) entonces (ir) ...... mucho al cine.
3. Antes (yo) lo (ver) ...... muchas veces.
4. Todavía (ser) ...... temprano para cenar.
5. ¿No (ir) ...... (Vd.) nunca a los toros?
6. Los lunes (nosotras) (ver) ...... a las dos hermanas en el parque.

200. Conteste a las siguientes preguntas con PARA + infinitivo

1. ¿Para qué sirven las gafas? ......
2. ¿Para qué sirven las tijeras? ......
3. ¿Para qué sirve un peine? ......
4. ¿Para qué sirve una pluma? ......
5. ¿Para qué sirve un sofá? ......
6. ¿Para qué sirve un reloj? ......

201. Léxico adjetival. Conteste a las preguntas con el adjetivo más adecuado de la columna de la derecha

1. ¿Cómo es la calle? —Es a......   cuadrada
2. ¿Cómo es el río? —Es e......   redonda
3. ¿Cómo es la plaza de toros? —Es r...... estrecha
4. ¿Cómo es la habitación? —Es cu......   ancha
5. ¿Cómo es la cama? —Es b......   largas
6. ¿Cómo es el sofá? —Es d......   corto
7. ¿Cómo es el viaje? —Es co......   duro
8. ¿Cómo son las vacaciones de verano? —Son l...... blanda

Apuntes de clase

unidad **30**

202. Conjugue el futuro simple de los siguientes verbos regulares en -AR, -ER, -IR, según el modelo

Modelo:

(yo) { hablar- / comer- / subir- } **é,** (tú) { hablar- / comer- / subir- } **ás,**

(él, ella, Vd.) { hablar- / comer- / subir- } **á,** (nosotros-as) { hablar- / comer- / subir- } **emos,**

(vosotros-as) { hablar- / comer- / subir- } **éis,** (ellos-as, Vds.) { hablar- / comer- / subir- } **án.**

pensar: .... / .... / .... / .... / .... / ....
entender: .... / .... / .... / .... / .... / ....
servir: .... / .... / .... / .... / .... / ....
conducir: .... / .... / .... / .... / .... / ....
jugar: .... / .... / .... / .... / .... / ....
traer: .... / .... / .... / .... / .... / ....

203. Verbos irregulares. Conjugue el futuro simple de los siguientes verbos, según el modelo

Modelo: tener: ten ⓓ r-é; ten ⓓ r-ás; ten ⓓ r-á; ten ⓓ r-emos; ten ⓓ r-éis; ten ⓓ r-án.

venir: .... / .... / .... / .... / .... / ....
poner: .... / .... / .... / .... / .... / ....
salir: .... / .... / .... / .... / .... / ....
haber: .... / .... / .... / .... / .... / ....

204. Verbos irregulares. Conjugue el futuro simple de estos verbos

saber: .... / .... / .... / .... / .... / ....
poder: .... / .... / .... / .... / .... / ....

205. Verbos irregulares. Conjugue el futuro simple de estos verbos

decir: .... / .... / .... / .... / .... / ....
hacer: .... / .... / .... / .... / .... / ....
querer: .... / .... / .... / .... / .... / ....

206. Conteste a estas preguntas con HAY

1. ¿Qué hay ahí? —
2. ¿Dónde hay un restaurante? —
3. ¿Quién hay en el servicio? —
4. ¿Dónde hay una farmacia? —
5. ¿Cuántos alumnos hay en clase? —
6. ¿Cuánta gente hay en la plaza? —

207. Haga preguntas correspondientes a estas respuestas con HAY y pronombres interrogativos

1. ¿…………?
   Hay una farmacia en la esquina.
2. ¿…………?
   En clase hay 16 alumnos.
3. ¿…………?
   Hay un restaurante en el centro del pueblo.
4. ¿…………?
   Hay casi 2.000 personas en la plaza.
5. ¿…………?
   Hay una señorita en el servicio.
6. ¿…………?
   Ahí hay un cenicero.

208. Ejercicio de acentuación. Ponga el acento ortográfico en la sílaba adecuada

sillon
razon
jabon
maquina
util
aqui
numero
carniceria
platano

209. Recopilación de léxico. Haga frases con las siguientes palabras y expresiones

hacer buen tiempo
blando
pasta de dientes
tener razón
cuchillo
tener sueño
dormitorio
cocina

Apuntes de clase

unidad **31**

210. Conjugue el condicional simple de los siguientes verbos regulares en -AR, -ER, -IR, según el modelo

MODELO: hablar: hablar-**ía**; hablar-**ías**; hablar-**ía**; hablar-**íamos**; hablar-**íais**; hablar-**ían**.

entender: .... / .... / .... / .... / .... / ....
llevar: .... / .... / .... / .... / .... / ....
subir: .... / .... / .... / .... / .... / ....
jugar: .... / .... / .... / .... / .... / ....
esperar: .... / .... / .... / .... / .... / ....
vivir: .... / .... / .... / .... / .... / ....

211. Identifique las formas verbales de la derecha con los pronombres de la izquierda

Yo	tendrían	habríais	vendríamos
Tú	tendría	habría	vendrías
Él, ella, Vd.	tendrías	habríamos	vendrían
Nosotros-as	tendríamos	habrían	vendríais
Vosotros-as	tendríais	habrías	vendría
Ellos-as, Vds.			

212. Conjugue el condicional simple de los siguientes verbos irregulares

decir: .... / .... / .... / .... / .... / ....
hacer: .... / .... / .... / .... / .... / ....
querer: .... / .... / .... / .... / .... / ....

213. Coloque los pronombres personales correspondientes junto a las formas del condicional simple de estos verbos

...... sabríamos;
...... sabrías;
...... podrían;
...... sabría;
...... podríamos;
...... podría;
...... sabrían;
...... podrías;
...... sabríais;
...... podríais.

214. Conteste a estas preguntas con PARA + infinitivo

EJEMPLO: ¿Para qué sirve una cama? —**Para dormir.**

1. ¿Para qué sirve un vaso? —
2. ¿Para qué sirve un peine? —
3. ¿Para qué sirve una piscina? —
4. ¿Para qué sirve un lápiz? —
5. ¿Para qué sirven los ojos? —
6. ¿Para qué sirve el jabón? —
7. ¿Para qué sirven las escaleras? —

215. Recopilación de léxico. Haga frases con las siguientes palabras y expresiones

hacer sol
cuarto de baño
tener prisa
corto
cuchara
lápiz de labios
cuadrado

Apuntes de clase

unidad **32**

216. Coloque los pronombres personales correspondientes junto a las formas del presente de indicativo del verbo HABER

...... he;
...... has;
...... ha;
...... hemos;
...... habéis;
...... han.

217. Identifique las formas verbales de la derecha con los pronombres de la izquierda

Yo	hemos
Tú	he
Él, ella, Vd.	habéis
Nosotros-as	han
Vosotros-as	has
Ellos-as, Vds.	

218. Dé los participios pasados correspondientes a los siguientes verbos en -AR, según el modelo

Modelo: hablar →habl-**ado.**

tomar →
trabajar →
comprar →
esperar →
llevar →
estudiar →
usar →
recordar →
gastar →
pensar →

219. Dé los participios pasados correspondientes a los siguientes verbos en -ER e -IR, según el modelo

Modelo: { comer → com-**ido**
{ vivir → viv-**ido.**

beber →
pedir →
coger →
seguir →
aprender →
subir →
entender →
dormir →
leer →
repetir →

220. Conjugue el pretérito perfecto de los siguientes verbos regulares, según el modelo

Modelo: pensar: he pensado; has pensado; ha pensado; hemos pensado; habéis pensado; han pensado.

empezar: ……… / ……… / ……… / ……… / ……… / ………
subir: ……… / ……… / ……… / ……… / ……… / ………
perder: ……… / ……… / ……… / ……… / ……… / ………
bajar: ……… / ……… / ……… / ……… / ……… / ………

221. Haga preguntas correspondientes a estas respuestas utilizando la fórmula POR DÓNDE…

Ejemplo: A la estación se va por aquí. —¿**Por dónde** se va a la estación?

1. A Correos se va por esa calle. —¿
2. A la Comisaría se va por la calle de la derecha. —¿
3. Al hospital se va de frente. —¿
4. A la farmacia se va por la izquierda. —¿
5. Al Ayuntamiento se va por allí. —¿
6. Al banco se va por el parque. —¿

222. Conteste a estas preguntas de salutación con BIEN, MAL o REGULAR

1. ¿Cómo le va a Vd.? —Me va ……
2. ¿Cómo le va a su familia? —Les va ……
3. ¿Cómo os va a vosotros? —Nos va ……
4. ¿Cómo les va a tus hermanas? —Les va ……
5. ¿Cómo te va la vida? —Me va ……

223. ¿Cuál es la moneda de curso legal en los siguientes países?

España
Estados Unidos
Alemania
Portugal
Japón
Inglaterra
Francia
Argentina
Suiza

Apuntes de clase

SEGUNDO CICLO

unidad **33**

224. Ponga la forma apropiada del presente de SER, según los casos

1. Carmen ...... telefonista.
2. (Nosotros) ...... estudiantes.
3. (Vosotras) ...... maestras.
4. (Tú) ...... taxista.
5. Luisa ...... pintora.
6. (Yo) ...... secretaria.
7. (Nosotros) ...... profesores.
8. (Ella) ...... peluquera.

225. Ponga la forma negativa apropiada del presente de SER en estas frases

1. Don Manuel .... cura.
2. (Ella) .... periodista.
3. (Vds.) .... abogados.
4. (Él) .... médico.
5. (Tú) .... cartero.
6. (Ellas) .... intérpretes.

226. Conteste a estas preguntas con nombres de actividades diferentes

1. ¿Qué eres? —
2. ¿Qué es (ella)? —
3. ¿Qué somos? —
4. ¿Que soy yo? —
5. ¿Qué son Vds.? —
6. ¿Qué sois vosotras? —
7. ¿Qué son (ellos)? —
8. ¿Qué es Vd.? —

227. Haga preguntas correspondientes a estas respuestas. Use QUÉ y presente de SER

1. ¿............? —Soy estudiante.
2. ¿............? —Son obreros.
3. ¿............? —Es pintora.
4. ¿............? —Son ladrones.
5. ¿............? —Es cura.
6. ¿............? —Son maestras.
7. ¿............? —Somos soldados.
8. ¿............? —Es dentista.
9. ¿............? —Soy intérprete.

228. Antónimos de adjetivos. Coloque el adjetivo contrario que corresponda

1. Barcelona es *grande*; Segovia es ......   antigua
2. Jorge es *fuerte*; Eleuterio es ......   oscura
3. Tu suegra es *joven*; la mía es ......   vieja
4. Nueva York es una ciudad *moderna*; Roma es ......   pequeña
5. Yo tengo los ojos *claros*; tú los tienes ......   débil
6. El cointreau es *dulce*; la cerveza es ......   amarga

229. Conteste a estas preguntas con la palabra adecuada

1. ¿Cómo se llama la primera comida del día?
2. ¿Cómo se llama la segunda comida del día?
3. ¿Cómo se llama la tercera comida del día?
4. ¿Cómo se llama la cuarta comida del día?

Apuntes de clase

unidad 34

230. Conteste a estas preguntas con el verbo SER, según el modelo

Modelo: ¿Es Vd. católico? — { Sí, soy católico.
No, no soy católico.

1. ¿Sois protestantes? —Sí, ...
2. ¿Son (ellos) católicos? —No, ...
3. ¿Es Carlos ateo? —Sí, ...
4. ¿Es Tiko budista? —No, ...
5. ¿Son (ellas) cristianas? —No, ...
6. ¿Es Vd. judío? —Sí, ...
7. ¿Es (él) mahometano? —No, ...

231. Verbo SER. Conteste a estas preguntas según el modelo

Modelo: **¿Cuál** es la religión de Vd.? —**Yo soy** budista.

1. ¿Cuál es la religión de Fátima? —......
2. ¿Cual es la religión de Yoko? —......
3. ¿Cuál es la religión de Robert? —......
4. ¿Cuál es la religión de Manuel? —......
5. ¿Cuál es la religión de Isaac? —......
6. ¿Cuál es la religión de Hans? —......

232. Póngase una forma apropiada del presente de SER + DE en estas frases

Ejemplo: El vestido **es de** Isabel.

1. Estos platos .... la vecina.
2. Los libros .... mi hermano.
3. El pañuelo .... esa señora.
4. El perro .... tu primo.
5. Esa casa .... don Luis.
6. La llave .... esta puerta.
7. Los muebles .... doña María.
8. Esta postal no .... Toledo.

233. Verbo SER. Conteste a estas preguntas libremente

1. ¿De quién es este gato? —
2. ¿De quiénes son los zapatos? —
3. ¿De quién es el jabón? —
4. ¿De quién es esto? —
5. ¿De quiénes son las motos? —
6. ¿De quién es la muñeca? —
7. ¿De quiénes son los pasaportes? —
8. ¿De quién son los plátanos? —

234. Diga la forma contraria (ALGO - NADA) según el modelo

Modelo: Veo **algo** ≠ **No** veo **nada**.

1. Entienden algo ≠
2. No hay nada ≠
3. ¿Tomas algo? ≠
4. ¿Oye Vd. algo? ≠
5. Yo no sé nada ≠
6. ¿Haces algo? ≠

235. Modismos. Haga frases que tengan sentido

Estar de pie.
Valer la pena.
Meter la pata.

Apuntes de clase

unidad **35**

236. Póngase una forma apropiada del presente de SER + DE en estas frases

Ejemplo: La mesa **es de** madera.

1. La casa .... piedra.
2. La silla .... hierro.
3. Los vestidos .... papel.
4. El bolígrafo .... plástico.
5. Los jerseys .... lana.
6. El vaso .... cristal.
7. Las paredes .... ladrillo.

237. Verbo SER. Conteste a estas preguntas libremente

1. ¿De qué es la pared? —
2. ¿De qué es la mesa? —
3. ¿De qué son los vestidos? —
4. ¿De qué es la silla? —
5. ¿De qué es el bolígrafo? —
6. ¿De qué es el vaso? —
7. ¿De qué es la casa? —

238. Forme frases con SER DE y una palabra de cada columna

Ejemplo: El armario **es de** madera.

armario	piedra
chaqueta	plástico
barco	papel
espejo	hierro
plato	cristal
escaleras	madera
servilleta	lana

239. Conteste a estas preguntas con un nombre de ciudad, región o provincia (SER DE)

Ejemplo: ¿De dónde es Vd.? —Soy de **Hamburgo.**

1. ¿De dónde es Helen? —
2. ¿De dónde es Pepe? —
3. ¿De dónde es Gretel? —
4. ¿De dónde es Fátima? —
5. ¿De dónde es Iván? —

240. Conteste a estas preguntas con SER + adjetivo de nacionalidad

Ejemplo: ¿De dónde es Humberto? —Es **portugués.**

1. ¿De dónde es Jean Batista? —
2. ¿De dónde es Ula? —
3. ¿De dónde es Milagros? —
4. ¿De dónde es Paloma? —
5. ¿De dónde son Cathy y Jack? —

241. Diga la forma contraria (TODO ≠ NADA) según el modelo

Modelo: **Todo** es posible ≠ **nada** es posible.

1. En este mercado todo es caro ≠
2. Nada es inútil ≠
3. Todo es verdad ≠
4. Aquí nada está en su sitio ≠

242. Forme exclamaciones con estas palabras y la partícula QUÉ

Ejemplo: hombre → ¡**Qué** hombre!

hombre →
bonito →
mujer →
lejos →
coche →
aburrido →
interesante →
tarde →
temprano →

Apuntes de clase

unidad **36**

243. Verbo SER. Complete las siguientes frases, usando un infinitivo, según el modelo

Modelo: **Es interesante** ...... = Es interesante conocer países.

1. Es necesario ......
2. Es importante ......
3. Es bueno ......
4. Es útil ......
5. Es malo ......
6. Es fácil ......
7. Es difícil ......
8. Es corriente ......

244. Use ES + adjetivo delante de estas palabras. (Véase ejercicio anterior)

1. .... visitar los museos
2. .... acostarse temprano.
3. .... no comer mucho.
4. .... dormir la siesta.
5. .... pasear.
6. .... aprender lenguas.
7. .... aprender el chino.
8. .... fumar.

245. Ponga la forma apropiada del presente de SER en estas frases

1. El Tajo ...... un río.
2. Alemania ...... un país.
3. El Mediterráneo ...... un mar.
4. El Mont Blanc ...... una montaña.
5. Valencia ...... una ciudad.
6. Los coches ...... máquinas.
7. Los sofás ...... muebles.

246. Conteste a estas preguntas con una forma apropiada del presente de SER. Use nombres de ciudades o regiones

Ejemplo: ¿De dónde eres? —**Soy** de Asturias.

1. ¿De dónde es Vd.? —
2. ¿De dónde somos? —
3. ¿De dónde es Helga? —
4. ¿De dónde sois? —
5. ¿De dónde son Vd. y su mujer? —
6. ¿De dónde son tus primos? —

247. Conteste en forma negativa (con ALGUIEN ≠ NADIE) a estas preguntas

Modelo: ¿Conoces a **alguien** aquí? No, **no** conozco a **nadie** aquí.

1. ¿Quiere Helga a alguien? No, ...
2. ¿Busca Vd. a alguien? No, ...
3. ¿Veis a alguien? No, ...
4. ¿Piensas en alguien? No, ...
5. ¿Hablan (ellas) con alguien? No, ...

248. Conteste a estas preguntas utilizando una expresión de la columna de la derecha (modismos con medios de locomoción)

1. ¿Cómo se va al teatro? —   en tren
2. ¿Cómo se va a América? —   en avión
3. ¿Cómo se va a esa isla? —   en barco
4. ¿Cómo se va a tu casa? —   a pie
5. ¿Cómo se va al club? —   en metro
6. ¿Cómo se va a Salamanca? —   en autobús

Apuntes de clase

unidad 37

249. Verbo SER. Conteste a estas preguntas con los colores de la lista de la derecha

Ejemplo: ¿**De qué color** es la pizarra? —Es negra.

1. ¿De qué color son sus ojos? —   negro
2. ¿De qué color son esos guantes? — blanco
3. ¿De qué color es el suelo? —   verde
4. ¿De qué color es la alfombra? —   azul
5. ¿De qué color son las sábanas? —   rojo
6. ¿De qué color es esa flor? —   amarillo
7. ¿De qué color es la habitación? — gris

250. Verbo SER. Ponga BUEN o MAL en estas frases, según el modelo

Modelo: { Es un **buen** muchacho ≠ es un **mal** muchacho.
{ Es un **mal** año ≠ es un **buen** año.

1. Es un mal día ≠
2. Eres un buen hijo ≠
3. Vd. es un mal amigo ≠
4. Es un mal verso ≠
5. Eres un buen médico ≠
6. Es un mal hospital ≠

251. Verbo SER. Ponga BUENO o MALO en estas frases, según el modelo

Modelo: Es un médico **bueno** ≠ es un médico **malo**.

1. Es un rey bueno ≠
2. Es un hotel malo ≠
3. Eres un pintor bueno ≠
4. Vd. es un conductor malo ≠
5. Es un programa bueno ≠
6. Es un peine malo ≠

252. Dígase lo contrario, con SIEMPRE o NUNCA, según los casos

1. Siempre viajo solo ≠ ......
2. José nunca dice la verdad ≠ ......
3. Siempre conducen deprisa ≠ ......
4. Nunca salimos los sábados ≠ ......
5. ¿Siempre comes en casa? ≠ ......
6. ¿Siempre duermes la siesta? ≠ ......

253. Fíjese en el uso y significado de las exclamaciones en cursiva

1. *¿Cómo?* ¿Quiere repetir?
2. *¡Venga!* ¡Se va el autobús!
3. *¡Caramba!* ¡Ya estás aquí!
4. *¡Vamos!* ¡Hay que trabajar!
5. *¡Cuidado!* ¡El perro muerde!

254. Use las exclamaciones del ejercicio anterior en contextos similares

¿Cómo?
¡Vamos!
¡Venga!
¡Cuidado!
¡Caramba!

Apuntes de clase

unidad 38

255. Conteste a las siguientes preguntas con el presente de ESTAR

Ejemplo: ¿En qué ciudad está el Museo del Louvre? —Está en París.

1. ¿En qué país está Bonn? —
2. ¿En qué país está Tejas? —
3. ¿En qué ciudad está el Museo del Prado? —
4. ¿En qué ciudad está el Museo Británico? —
5. ¿En qué continente está el río Nilo? —
6. ¿En qué mar está Sicilia? —

256. Haga oraciones con el presente de ESTAR y las siguientes expresiones de lugar

en casa
en el mercado
en la calle
en la iglesia
en el metro
en clase
en la piscina
en el tren

257. Use estas expresiones en frases completas con el presente de ESTAR

Ejemplo: Correos **está a la derecha.**

1. a la izquierda
2. en el centro
3. dentro
4. fuera
5. delante
6. detrás
7. arriba
8. abajo

258. ESTAR (posición). Haga preguntas adecuadas con DÓNDE y conteste con las expresiones adverbiales del ejercicio anterior

Ejemplo: ¿Dónde está el gato? —Está **fuera.**

259. Uso obligatorio con ESTAR. Haga frases en presente con estos adjetivos de estado

dormido
vestido
desnudo
contento
enfermo
sentado
acostado
satisfecho

260. Diga la forma negativa, según el modelo

Modelo: Estudio **siempre** de noche. → **No** estudio **nunca** de noche.

1. Leemos siempre en la cama →
2. Escuchan siempre la radio →
3. Voy siempre a pie →
4. Juan lleva siempre gafas de sol →
5. Tenemos siempre tiempo →
6. Los veo siempre en la discoteca →
7. Fuma siempre puros →
8. Pienso siempre en mi novio →

261. ¿Cuál es el cambio oficial actual de las siguientes monedas?

marco
libra
dólar
franco francés

Apuntes de clase

unidad **39**

262. Ponga una forma apropiada del presente de SER o ESTAR, según los casos

1. El toro ...... un animal.
2. Pekín ...... en China.
3. Las camas ...... muebles.
4. La comida ...... en la nevera.
5. Mi pueblo ...... en Andalucía.
6. Las aspirinas ...... medicinas.
7. El pescado ...... en la cocina.

263. Ponga una forma apropiada de SER o ESTAR en estas frases

1. El bar ...... vacío.
2. Su marido ...... muy inteligente.
3. Ese pintor ...... famoso.
4. El cubo ...... lleno.
5. El director ...... simpático.
6. (Nosotros) ...... cansados.
7. Tu tía ...... enfadada con nosotros.
8. Su hermano no ...... sincero.

264. Ponga una forma apropiada de SER o ESTAR en estas frases

1. Eso no ...... justo.
2. Las niñas ...... dormidas.
3. ¿No ...... (vosotros) contentos?
4. La música folk ...... muy popular.
5. La película ...... muy divertida.
6. ¿...... (vosotras) ya vestidas?
7. Estos casos ...... extraños.
8. El niño ...... desnudo.

265. Use BASTANTE-S en estas frases

1. ¿Tienes ...... dinero para comprar este coche?
2. No tengo ...... tiempo para jugar al golf.
3. ¿Hay ...... platos?
4. No tienen ...... servilletas.
5. ¿Hay ...... luz en esta habitación?

266. Régimen preposicional. Rellene los puntos con las preposiciones A(L) o DE(L), según convenga

1. ¿De dónde vienes? —Vengo ...... la oficina.
2. ¿Adónde va Vd.? —Voy ...... la biblioteca.
3. ¿Vas a volver a Inglaterra este año? —No, voy a volver ...... Suiza.
4. ¿Cuándo vuelve ...... vacaciones?
5. ¿A qué vienen los turistas? —Vienen ...... conocer España.
6. ¡Saca el coche ...... (el) garaje!
7. ¿Por qué no vas ...... (el) cine esta tarde?

267. Fíjese en el uso y significado de las exclamaciones en cursiva

1. *¡Oye!* ¿Tienes un cigarrillo?
2. *¡Oiga,* señorita! ¿Es suyo ese bolso?
3. *¡Dios mío!* ¡Qué horrible!
4. ¿Vas a la fiesta esta noche? —*¡Claro!*

268. Use las exclamaciones siguientes en contextos apropiados

¡Oye!
¡Dios mío!
¡Oiga!
¡Claro!

Apuntes de clase

unidad **40**

269. Ponga una forma apropiada del presente de SER o ESTAR, según los casos

1. ...... las siete; ...... tarde.
2. La casa ...... delante y el jardín ...... detrás.
3. ...... temprano; podemos hablar un poco más.
4. El domitorio ...... arriba; el salón ...... abajo.
5. ¡Anda más rapido; ...... tarde!
6. ¡Mamá, Pedro ...... abajo!

270. Ponga una forma apropiada del presente de SER o ESTAR en estas frases

1. Mi abuela ...... enferma.
2. Eso no ...... necesario.
3. No me gusta ...... sentado mucho tiempo.
4. «España ...... diferente.»
5. Esa mujer ...... muy interesante.
6. En estos momentos, (ella) ...... acostada.
7. Los temas de la reunión ...... importantes.
8. Sara ...... enamorada.

271. Ponga la forma de presente apropiada de SER o LLEGAR en estas frases

1. Mañana …… tarde.
2. Antonio siempre …… tarde.
3. Todavía …… temprano para comer.
4. Nunca (nosotros) …… tarde a clase.
5. Elisa …… temprano a la universidad.
6. ¿Qué hora es? …… tarde.
7. El cartero …… temprano.
8. El camión …… muy tarde.

272. Complete la forma apropiada de BUEN-O-A-OS-AS o MAL-O-A-OS-AS, según los casos

1. Hoy hace b…… día.
2. En el mundo hay gente m……
3. La paella está b……
4. Trabajar es b……
5. Son b…… sábanas.
6. Ése es un m…… ejemplo.
7. Son b…… escultores.
8. Tenemos m…… noticias.
9. Ése es un libro m……
10. Es un b…… soldado.
11. Vives en un m…… sitio.
12. Van a restaurantes m……

273. Recopilación de léxico. Haga frases con las siguientes palabras y exclamaciones

yen
fuera
libra
amargo

¡claro!
¿cómo?
desayuno
¡oiga!

274. Recopilación de léxico. Haga frases con las siguientes palabras y exclamaciones

detrás
merienda
¡Dios mío!
¡cuidado!
marco
débil
a la izquierda
¡caramba!

Apuntes de clase

unidad **41**

275. Presente (e/ie). Cambie según el modelo

Modelo: (yo) quiero un helado → { (nosotros) queremos ......
{ (vosotros) queréis ......

1. Carmen entiende la lección ⟶ (nosotros) ......
(vosotros) ......
2. (Yo) prefiero el mar ⟶ (nosotros) ......
(vosotros) ......
3. Mi hijo quiere una moto nueva → (nosotros) ......
(vosotros) ......

276. Presente (o/ue). Cambie según el modelo

Modelo:
(Ellos) recuerdan la música → { (nosotros) recordamos ......
{ (vosotros) recordáis ......

1. (Yo) vuelvo temprano → (nosotros) ......
(vosotros) ......
2. (Ella) duerme mucho → (nosotros) ......
(vosotros) ......

277. Presente (e/i). Cambie según el modelo

Modelo: (nosotros) servimos la comida → { (tú) sirves ......
(Vds.) sirven ......

1. (Vosotras) repetís mis palabras ⟶ (ella) ......
(Vd.) ......
2. (Nosotros) pedimos la cuenta ⟶ (ellos) ......
(yo) ....
3. (Vosotros) seguís las instrucciones → (ellas) ......
(tú) ....

278. Género. Dé el femenino de estas palabras

Ejemplo: el hombre → la mujer.

el padre → la ......
el papá → la ......
el macho → la ......
el toro → la ......
el gallo → la ......
el padrino → la ......

279. Género. Adjetivos invariables. Use estos adjetivos con nombres masculinos y femeninos apropiados

mejor
menor
libre
peor
natural
fuerte
mayor
grande
terrible

280. Demostrativos. Hágase según el modelo

MODELO: Este lápiz es duro; (ahí) **ése,** no.

Esta cuchara es de plata; (allí) ......, no.
Esa taberna es típica; (aquí) ......, no.
Aquel hospital es grande; (ahí) ......, no.
Esas camas son blandas; (aquí) ......, no.
Esta carne es de vaca; (ahí) ......, no.
Aquella lámpara es de plástico; (aquí) ......, no.

281. Posesivos. Ponga la forma apropiada

1. Nuestros camiones son seguros; los (de vosotros) ......, también.
2. Esta manzana está verde; la (de ella) ......, también.
3. Vuestro hijo es muy alegre; el (de nosotros) ......, también.
4. Esa universidad es antigua; la (de Vds.) ......, también.
5. Tu paraguas es barato; el (de mí) ......, también.
6. Estos esquíes son muy caros; los (de él) ......, también.
7. Nuestro maestro es excelente; el (de ti) ......, también.
8. Este salón es oscuro; el (de Vd.) ......, también.

282. Numerales. Lea estas frases

1. Hoy es 27 de marzo de 1983.
2. Mi teléfono es el 644 98 76.
3. Este tren puede ir a 180 km por hora.
4. Siempre bebo 1/2 botella de vino en las comidas.
5. Maruja vive en la plaza de la Constitución, núm. 27, piso 3.º
6. 1936-1939 son los años de la guerra civil española.

Apuntes de clase

unidad **42**

283. Presente (g/j; c/z). Cambie según el modelo

MODELO: (Ellos) **cogen** el tren → (yo) **cojo** ......

1. (Nosotros) vencemos las dificultades → (yo) ......
2. (Tú) exiges una explicación → (yo) ......
3. La alumna coge la tiza → (yo) ......

284. Presente (c/zc). Cambie según el modelo

MODELO: (Ellos) **traducen** muy bien → (yo) **traduzco** ......

1. (Vd.) no conoce esa expresión → (yo) ......
2. (Él) conduce muy deprisa → (yo) ......
3. (Nosotros) traducimos poco → (yo) ......

285. Presente (JUGAR; CONSTRUIR). Ponga la forma adecuada del presente

1. El Ayuntamiento (construir) ...... un hospital moderno.
2. (Vosotros) (jugar) ...... muy bien.
3. (Nosotros) (construir) ...... una casa de campo.
4. La niña (jugar) ...... en el jardín.
5. (Vosotros) (construir) ...... la casa muy despacio.
6. (Yo) no (jugar) ...... al fútbol.

286. Género nombres. Dé el masculino de estas palabras

MODELO: la hembra → el macho / el varón.

la mujer → el ......
la gallina → el ......
la vaca → el ......
la mamá → el ......
la madrina → el ......
la madre → el ......

287. Demostrativos. Hágase según el modelo

MODELO: Me gusta ese cuadro; (el cuadro, ahí) **ése**, no.

Nos gustan esas cosas; (las cosas, aquí) ......, no.
A Vd. le gusta este teatro; (el teatro, allí) ......, no.
A ti te gusta aquel periódico; (el periódico, aquí) ......, no.
A ellos les gusta este olor; (el olor, ahí) ......, no.
A vosotros os gusta ese animal; (el animal, allí) ......, no.
A Vds. les gustan esas costumbres; (las costumbres, aquí) ......, no.

288. Posesivos (posición). Hágase según el modelo

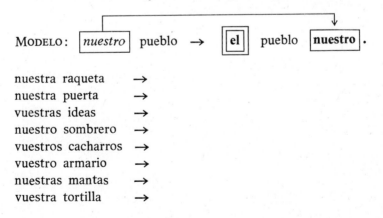

MODELO: *nuestro* pueblo → el pueblo nuestro .

nuestra raqueta →
nuestra puerta →
vuestras ideas →
nuestro sombrero →
vuestros cacharros →
vuestro armario →
nuestras mantas →
vuestra tortilla →

289. Posesivos (posición) Hágase según el modelo

Modelo: 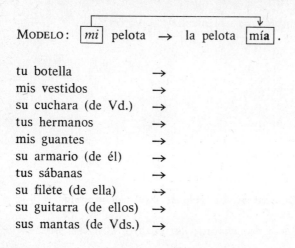 mi pelota → la pelota mía.

tu botella →
mis vestidos →
su cuchara (de Vd.) →
tus hermanos →
mis guantes →
su armario (de él) →
tus sábanas →
su filete (de ella) →
su guitarra (de ellos) →
sus mantas (de Vds.) →

290. Género. Señale con una cruz los adjetivos invariables, dentro de esta lista

puro
amable
peor
ancho
viejo
simple
legal
serio
correcto

mayor
negro
listo
barato
ideal
corriente
árabe
posible
siguiente

Apuntes de clase

unidad 43

291. Presente. Verbos de irregularidad común. Conteste a estas preguntas

1. ¿Qué quiere Vd.? (Yo) ......
2. ¿Entienden Vds. bien? Sí, (nosotros) ......
3. ¿Cuándo vuelves? ......
4. ¿Quién sirve el desayuno? Pedro ......
5. ¿Qué pedís? (Nosotros) ......

292. Género. Sustantivos en -e. ¿Masculino o femenino?

Modelo: **el** baile / **la** gripe.

...... peine.
...... costumbre.
...... fuente.
...... parte.
...... billete.
...... paquete.
...... paisaje.
...... postre.
...... nube.
...... sobre.

293. Dé el adjetivo contrario

MODELO: **pequeño** ≠ **grande.**

caro ≠ ......
nuevo ≠ ......
dulce ≠ ......
feo ≠ ......
bueno ≠ ......
difícil ≠ ......
delgado ≠ ......
antiguo ≠ ......
alegre ≠ ......
tonto ≠ ......
blanco ≠ ......
corto ≠ ......

294. Dé las formas del pronombre personal objeto correspondiente, según el modelo

MODELO: conozco 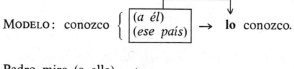 **lo** conozco.

Pedro mira (a ella) →
Veo (a ti) →
Recuerdo (a él) →
Oímos (el ruido) →
Visitáis (la ciudad) →
Escribo (la carta) →
Lavamos (el coche) →
Quiero (a ti) →
Vemos (a usted) →

295. Pronombres redundantes. Ponga los dos pronombres, según el modelo

Modelo: (Yo) …… …… gusta pasear → **A mí me** gusta pasear.

1. (Tú) …… …… gusta pasear.
2. (Él, ella, Vd.) …… …… gusta pasear.
3. (Nosotros-as) …… …… gusta pasear.
4. (Vosotros-as) …… …… gusta pasear.
5. (Ellos, ellas, Vds.) …… …… gusta pasear.

296. Posesivos (posición). Ponga la forma apropiada del posesivo en estas frases

1. ¡Enséñame ese cuatro (de ti) ……!
2. Me gustan esas botas (de ellos) ……
3. ¡Arreglad el coche (de Pedro) ……!
4. ¿Quieres traerme las tijeras (de mamá) ……?
5. A mí no me gusta conducir el coche (de mis padres) ……
6. No vamos a la fiesta (de Jaime) ……
7. ¡No le regales las fotos (de Laura) ……!

297. Antónimos adverbiales y preposicionales. Dé la expresión de significado contrario a la que aparece en cursiva

1. El banco está *a la izquierda.*
   ……………………

2. La iglesia está *fuera de* la ciudad.
   ……………

3. El sobre está *debajo del* libro.
   ……………

4. El restaurante está *detrás de* la tienda.
   ……………

Apuntes de clase

unidad **44**

298. Presente (irregularidad ortográfica). Ponga la forma correcta

1. (Yo) no (coger) ...... el coche.
2. (Yo) no (conducir) ...... en la ciudad.
3. (Él) (traducir) ...... bien el ruso.
4. (Ellos) (construir) ...... un campo de fútbol.
5. ¿Dónde (jugar) ...... (vosotros)?

299. Verbos irregulares. Ponga la forma correcta del presente

1. (Yo) no (saber) ...... gramática.
2. ¿Qué (hacer) ...... (tú)? (Yo) (hacer) ...... la comida.
3. ¿Dónde (ir) ...... Vds.? (Nosotros) (ir) ...... a la estación.
4. ¿(Dar) ...... Vd. propina en el restaurante? (Yo) no (dar) ...... propina.
5. (Yo) (traer) ...... la compra del mercado.

300. Presente (verbos irregulares). Haga preguntas apropiadas para estas respuestas

1. Salgo tarde de la oficina. —¿Cuándo ......?
2. Digo la verdad. —¿Qué ......?
3. Nosotros podemos hacer las camas. —¿Qué ...... (vosotros)?
4. Pongo el cuchillo en la mesa. —¿Dónde ...... (tú)?
5. Oigo un ruido desagradable. —¿Qué ...... (tú)?

301. Comparación del adjetivo (MÁS - QUE)

MODELO: El padre es alto; el hijo es bajo → el padre es **más alto que** el hijo.

1. El periódico es barato; la revista es cara →
2. La chica es lista; el chico es tonto →
3. La sopa está caliente; la carne está fría →
4. El té está dulce; el café está amargo →
5. La primavera es alegre; el invierno es triste →
6. Las tijeras son cortas; el cuchillo es largo →
7. Isabel es guapa; mi prima es fea →

302. Posesivos (posición). Ponga la forma apropiada del posesivo en estas frases

1. No comprendo las explicaciones (del profesor) ……
2. ¡No compréis las flores (de ella) ……!
3. Yo siempre compro en la tienda (de Vds.) ……
4. ¡Comed en el restaurante (de Mario) ……!
5. ¡Cuida esos ojos (de ti) ……!
6. ¿Por qué no limpias esos pantalones (de él) ……?
7. ¡No te pongas el pijama (de tu hermano) ……!
8. ¡Lee estos poemas (de mí) ……!

303. Personales objeto. Posición. Dé las formas del pronombre correspondiente, según el modelo

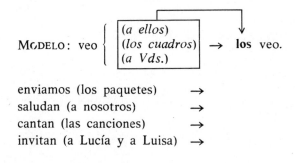

enviamos (los paquetes) →
saludan (a nosotros) →
cantan (las canciones) →
invitan (a Lucía y a Luisa) →

215

recuerdo (a Vds.) →
repiten (las frases) →
comprenden (a vosotras) →
acompaño (a ellas) →
oigo (a vosotros) →

304. Género sustantivos. Masculino o femenino sin cambio

MODELO: **el** artista / **la** artista.

...... periodista / ...... periodista
...... dentista / ...... dentista
...... estudiante / ...... estudiante
...... intérprete / ...... intérprete
...... taxista / ...... taxista
...... telefonista / ...... telefonista

305. Modismos. Haga frases que tengan sentido

ir de paseo
ir de compras
estar de acuerdo

Apuntes de clase

unidad **45**

306. Verbos regulares. Ponga el verbo en la forma apropiada del imperativo

1. ¡No (usar) ...... (tú) ese cepillo!
2. ¡(Comprar) ...... (Vd.) plátanos!
3. ¡(Mirar) ...... (tú) esta foto!
4. ¡No (tomar) ...... (Vds.) el sol!
5. ¡No (meter) ...... (tú) el perro aquí!
6. ¡(Aprender) ...... (vosotros) estos versos!
7. ¡(Comer) ...... (Vd.) más carne!
8. ¡(Escribir) ...... (tú) más claro!

307. Irregularidad común. Ponga el verbo en la forma apropiada del imperativo

1. ¡(Pensarlo) ...... (tú) bien!
2. ¡(Soltarme) ...... (vosotros)!
3. ¡(Volver) ...... (Vd.) pronto!
4. ¡(Repetir) ...... (tú) la pregunta!
5. ¡(Pedir) ...... (tú) la cuenta!
6. ¡(Servir) ...... (Vd.) el segundo plato!
7. ¡(Despertarla) ...... (Vds.)!
8. ¡(Recordar) ...... (tú) este número de teléfono!

308. Cambio ortográfico. Ponga el verbo en la forma apropiada del imperativo

1. ¡(Conducir) ...... (Vd.) por la derecha!
2. ¡No lo (traducir) ...... (tú) ahora!
3. ¡No (pagar) ...... (Vds.) los impuestos!
4. ¡Niño, no (coger) ...... eso!
5. ¡(Corregir) ...... (Vds.) las faltas!
6. ¡(Sustituir) ...... (Vd.) esta palabra!

309. Comparación del adjetivo (TAN - COMO)

MODELO: Margarita y Alicia son inteligentes → Margarita es **tan inteligente como** Alicia.

1. La escuela y la universidad son importantes →
2. El mar y el cielo son azules →
3. El paraguas y el sombrero son prácticos →
4. La inteligencia y la memoria son necesarias →
5. La naranja y la manzana son sanas →
6. Los toros y el fútbol son populares →

310. Pronombres personales objeto. Posición

MODELO: Veo *a Juan* en el patio → **Lo** veo en el patio.

1. Todos recordamos *a vosotros* mucho →
2. Lava *la ropa* los sábados →
3. Saludan *a nosotros* todos los días →
4. No comprendo *a ti* muy bien →
5. No oímos *la campana de la iglesia* →
6. Visitan *el parque zoológico* →
7. Vemos *las nubes* →
8. Acompaña *a mí* a la Universidad →
9. Esperamos *a vuestros amigos* en la esquina de la calle →
10. Pongo *el vaso* en la mesa →

311. Género. Ponga UN o UNA, según corresponda

Modelo: **un** problema / **una** moto.

...... mapa.
...... billete.
...... nube.
...... día.
...... postal.
...... animal.
...... pie.
...... costumbre.
...... foto.
...... cárcel.
...... idioma.
...... noche.

Apuntes de clase

unidad **46**

312. Irregularidad propia. Ponga el verbo en la forma apropiada del imperativo

1. ¡(Venir) …… (tú) en seguida!
2. ¡No (jugar) …… (tú) al balón en el jardín!
3. ¡No lo (poner) …… (vosotros) en el suelo!
4. ¡(Hacerlo) …… (tú) con cuidado!
5. ¡(Ser) …… (tú) buena!
6. ¡(Ir) …… (tú) allí!
7. ¡No (decir) …… (Vd.) mentiras!
8. ¡(Ponerlo) …… (Vds.) en la mesa!

313. Verbos irregulares. Ponga el verbo en la forma apropiada del imperativo

1. ¡(Darme) …… (tú) un poco más!
2. ¡(Traerlo) …… (Vd.) en la cartera!
3. ¡(Ponerlo) …… (Vds.) en el dormitorio!
4. ¡(Decírselo) …… (Vd.) con flores!
5. ¡(Hacerme) …… (Vd.) un favor!

314. Número. ¿Cuáles de estas palabras admiten el singular? Márquelas con una X

papás
leyes
vacaciones
tijeras
sofás
reyes
gafas
meses

315. Haga frases con JUGAR A(L) y estas palabras

fútbol
tenis
las cartas
golf
baloncesto
los bolos
bingo
la lotería
las quinielas

316. Comparación del adjetivo (TAN - COMO)

MODELO: Estos pantalones son nuevos; estos zapatos, no → Estos zapatos **no** son **tan nuevos como** estos pantalones.

1. La secretaria es amable; el director, no →
2. El sillón es cómodo; el sofá, no →
3. El camino es estrecho; la carretera, no →
4. Teresa es feliz; Juan, no →
5. Mi padre es joven; mi tío, no →
6. Jaime es trabajador; Diego, no →

317. Pronombres personales objeto. Posición. Hágase según el modelo

MODELO: Escribo una carta |a mi novia| → **Le** escribo una carta.

1. Dan un regalo *a mí* →
2. Ofrecemos un trabajo *a ti* →
3. Explico el problema *a él* →
4. (Él) hace una pregunta *a Vd.* →
5. Traen los huevos *a nosotros* →
6. Doy mi dirección *a vosotros* →
7. Pido un favor *a ellas* →
8. Enviamos una postal *a Vds.* →

318. Demostrativos. Conteste a estas preguntas según el modelo

MODELO: ¿Es este libro inglés? { —Sí, **éste** es inglés.
—No, **éste** no es inglés.

1. ¿Son estos ejercicios fáciles? —No, ...
2. ¿Está esa sopa caliente? —Sí, ...
3. ¿Están aquellas montañas muy lejos? —No, ...
4. ¿Es aquella chica popular? —Sí, ...
5. ¿Es este obrero vago? —No, ...
6. ¿Es ese niño muy hablador? —Sí, ...
7. ¿Son esos barcos de madera? —No, ...
8. ¿Son aquellas leyes justas? —Sí, ...

319. Antónimos de adjetivos. Dé el adjetivo que expresa la idea contraria a los siguientes

simpático
rico
moreno
trabajador
aburrido
lento

Apuntes de clase

unidad 47

320. Expresión de tiempo futuro inmediato. Conteste a estas preguntas con IR A + infinitivo

1. ¿Cuándo vas a escribir la carta? —
2. ¿Dónde va Vd. a lavar la ropa? —
3. ¿Cuánto dinero me vas a dar? —
4. ¿En qué van Vds. a ir allí? —
5. ¿De qué color vais a pintar las paredes? —
6. ¿Con quién van (ellos) a salir esta noche? —

321. Expresión de tiempo futuro. Haga preguntas con IR A + infinitivo apropiadas a estas respuestas

1. Van a cerrar el portal a las once. —¿A qué hora ......?
2. Voy a cortarme el pelo mañana. —¿Cuándo ......?
3. Va a salir de la cárcel el martes que viene. —¿Qué día ......?
4. Le van a dar un empleo. —¿Qué ......?
5. Nos va a costar 1.000 pesetas. —¿Cuánto ......?
6. Van a poner el mapa en el salón. —¿Dónde ......?

322. Pronombres personales objeto. Posición. Sustituya las palabras en cursiva por el pronombre correspondiente

1. ¿Damos *a ti* la carta?
2. No devolvemos *a él* el dinero.
3. Ofrecen *a nosotros* su casa.

4. Llevo *a Vds.* al museo.
5. Paso *a ella* la sal.
6. ¿Explico *a vosotros* el uso de esta máquina?
7. El cartero entrega *a mí* el telegrama.
8. Arreglo *a Vd.* el televisor.

323. Pronombres personales objeto. Posición. Ponga la forma correcta del pronombre en cursiva

Modelo: Esta camisa es para *yo* → mí.

1. Hablamos mucho de *tú* →
2. Lo hago para *él* →
3. Pienso mucho en *tú* →
4. Ella puede vivir sin *yo* →
5. Van a la fiesta sin *vosotros* →

324. Pronombres personales objeto. Posición. Sustituya las palabras en cursiva por el pronombre correspondiente, según el modelo

Modelo: ¡Lleva *las maletas*! = ¡Llévalas!

1. ¡Llamen *al director*! =
2. ¡Comprad *las uvas*! =
3. ¡Aprende *la letra de la canción*! =
4. ¡Bebed *agua*! =
5. ¡Escribe *a tus padres*! =
6. ¡Recordad *esta fecha*! =

325. Verbos reflexivos. Conteste a estas preguntas con frases completas

1. ¿A qué hora se acuesta Vd.?
2. ¿Dónde te sientas?

3. ¿Cuántas veces te bañas a la semana?
4. ¿Te pones el abrigo en primavera?
5. ¿Se quita Vd. el traje en casa?
6. ¿Te peinas sin espejo?

326. Demostrativos neutros. Correspondencia con adverbios de lugar. Hágase según el modelo

Modelo:
- (*aquí*) **Esto** es una joya.
- (*ahí*) **Eso** es un pastel.
- (*allí*) **Aquello** es una piscina.

(aquí) ...... es una toalla.
(allí) ...... es una lata de conservas.
(aquí) ...... es un sofá.
(allí) ...... es un pijama.
(ahí) ...... es una pipa.
(ahí) ...... es un helado.
(ahí) ...... es un vestido.
(aquí) ...... es una navaja.
(allí) ...... es una caja de cerillas.

327. Dé los sustantivos correspondientes a los siguientes verbos

Ejemplo: comer → comida.

doler → ......
salir → ......
trabajar → ......
pasear → ......
beber → ......
cenar → ......
vivir → ......
traducir → ......

Apuntes de clase

unidad **48**

328. Indefinido. Conteste a estas preguntas libremente con la forma apropiada del indefinido de ESTAR

Ejemplo: ¿Dónde estuviste ayer? —**Estuve** en los toros.

1. ¿Dónde estuvo Vd. ayer? —
2. ¿Dónde estuvimos ayer? —
3. ¿Dónde estuvisteis ayer? —
4. ¿Dónde estuvieron (ellas) ayer? —
5. ¿Dónde estuvo (él) ayer? —

329. Indefinido. Conteste a estas preguntas libremente con la forma apropiada del indefinido de ESTAR

Ejemplo: ¿Con quién estuvo Vd. el domingo pasado? —**Estuve** con mi novia.

1. ¿Con quién estuviste la semana pasada? —
2. ¿Con quién estuvisteis el verano pasado? —
3. ¿Con quiénes estuvieron Vds. las Navidades pasadas? —
4. ¿Con quién estuvo (él) el jueves pasado? —
5. ¿Con quién estuvo (ella) las vacaciones pasadas? —
6. ¿Con quién estuvo Vd. el año pasado? —
7. ¿Con quién estuviste el mes pasado? —

330. Pronombres personales objeto con preposición

Modelo: Él trabaja con *mí* → Él trabaja **conmigo**.

1. Vienes con *yo* al partido? →
2. No vamos con *tú* de excursión. →
3. ¿Quiere Vd. cenar con *yo*? →
4. Yo no hablo con *ellos*. →
5. ¿Viene tu amigo con *tú*? →

331. Pronombres personales redundantes. Haga según el modelo

Modelo:
(*Yo*) *sobrar* mucho dinero → **A mí me sobra** mucho dinero.
(*Yo*) *sobrar* 100 dólares → **A mí me sobran** 100 dólares.

1. (Tú) faltar seis pesetas → .... seis pesetas.
2. (Él) faltar tiempo → .... tiempo.
3. (Ella) sobrar tres puntos → .... tres puntos.
4. (Nosotros) quedar cinco minutos → .... cinco minutos.
5. (Vd.) faltar la mitad → .... la mitad.

332. Pronombres personales objeto. Posición. Sustituya las palabras en cursiva por el pronombre correspondiente según el modelo

Modelo: Quiero ver │*a Matilde*│ = quiero ver**la**.

1. Sabemos hablar *dos lenguas* =
2. Quieren terminar *el trabajo* =
3. ¡Puede Vd. hacer *la cama*! =
4. ¿Quiere Vd. repetir *la frase?* =
5. ¿Pueden Vds. subir *los muebles?* =
6. Mi hermana sabe arreglar *el motor del coche* =
7. Intentamos hacer *las cosas* bien =

333. Repita las frases del ejercicio anterior, según el modelo

MODELO: Quiero ver $\boxed{a\ Matilde}$ = **La** quiero ver.

334. Demostrativos neutros. Use para la respuesta el mismo pronombre de la pregunta

1. ¿Qué es *esto*? ……
2. ¿Dónde está *eso*? ……
3. ¿Qué es *aquello*? ……
4. ¿Qué es *eso*? ……
5. ¿Cómo se llama *esto*? ……
6. ¿Cuánto cuesta *esto*? ……
7. ¿Cómo está *eso*? ……

Apuntes de clase

unidad **49**

335. Verbos de debilitación vocálica (e/i). Repita el indefinido de estos verbos según el modelo

Modelo: mentí - mentiste - m[i]ntió - mentimos - mentisteis - m[i]ntieron.

pedir: .... / .... / .... / .... / .... / ....
preferir: .... / .... / .... / .... / .... / ....
medir: .... / .... / .... / .... / .... / ....
repetir: .... / .... / .... / .... / .... / ....
seguir: .... / .... / .... / .... / .... / ....
servir: .... / .... / .... / .... / .... / ....

336. Debilitación vocálica (o/u). Repita el indefinido según el modelo

Modelo: morí - moriste - m[u]rió - morimos - moristeis - m[u]rieron.

dormir: .... / .... / .... / .... / .... / ....

337. Cambio ortográfico (c/j). Repita el indefinido según el modelo

Modelo: conduje - condujiste - condujo - condujimos - condujisteis - condujeron.

traducir: .... / .... / .... / .... / .... / ....

338. Indefinido: irregularidades varias. Ponga la forma apropiada del indefinido de estos verbos

1. (Él) (conducir) ...... muy deprisa.
2. (Ellos) (pedir) ...... más.
3. (Ella) (medir) ...... la habitación.
4. (Vds.) (dormir) ...... seis horas.
5. El camarero (servir) ...... el coñac.
6. El maestro (traducir) ...... el texto.
7. (Ellas) preferir) ...... quedarse en casa.
8. (Vd.) (repetir) ...... nuestras palabras.

339. Pronombres personales objeto. Posición. SE. Haga según el modelo

Modelo: Doy 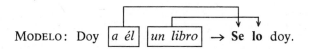 Se lo doy.

1. Presto *a Luisa 100 pesetas*. →
2. Arreglan *a Vds. el tocadiscos*. →
3. Dices *a él muchas cosas*. →
4. El portero sube *a ellos la botella de leche*. →
5. ¿Baja el vecino *a Vd. la basura*? →
6. ¿Traen *a ellos el café* de Colombia? →

340. Posesivos. Sustitución. Ponga la forma apropiada, según el modelo

Modelo: Esta toalla está limpia; la (*de ti*) → **tuya**, no.

1. Esta caja es muy pesada; la (de nosotros) ......, no.
2. Mi camisa está sucia; la (de Vd.) ......, no.
3. Estos juguetes son baratos; los (de mí) ......, no.
4. Ese caramelo es muy dulce; el (de vosotros) ......, no.
5. Tu moto es muy rápida; la (de mí) ......, no.

341. Demostrativo neutro. Use para la respuesta el mismo pronombre de la pregunta

1. ¿Dónde está *aquello*? ……
2. ¿Cómo está *esto*? ……
3. ¿Cuánto cuesta *aquello*? ……
4. ¿Cómo se llama *eso*? ……
5. ¿Qué es *aquello*? ……
6. ¿Dónde está *eso*? ……

342. Exclamaciones con QUÉ - MÁS. Forme exclamaciones con los siguientes nombres y adjetivos, según el modelo

MODELO: libro - interesante = ¡Qué libro **más** interesante!

1. postre - bueno
2. cuerda - fuerte
3. agua - fría
4. carne - dura
5. paisaje - verde
6. pescado - caro

Apuntes de clase

unidad **50**

343. Indefinido (i/y). Conjugue el indefinido de estos verbos

Ejemplo: oír: *oí - oíste - o* [y] *ó - oímos - oísteis - o* [y] *eron*.

construir: .... / .... / .... / .... / .... / ....
sustituir: .... / .... / .... / .... / .... / ....
leer: .... / .... / .... / .... / .... / ....
caer: .... / .... / .... / .... / .... / ....

344. Indefinido (i/y). Ponga la forma apropiada del indefinido de estos verbos

1. (Él) (sustituir) ...... a su mujer en el trabajo.
2. Los niños (leer) ...... el cuento en cinco minutos.
3. Las hojas de los árboles (caer) ...... pronto.
4. (Ella) no (oír) ...... la respuesta.
5. ¿(Leer) ...... Vd. el último Premio Nobel?
6. ¿(Construir) ...... (ellos) la nueva iglesia del pueblo?

345. Pronombres personales objeto. Posición

Modelo: Explico *la lección a ella* → **se la** explico.

1. ¿Regalas *unas entradas a mí*? →
2. Llevo *la raqueta a él* →
3. Aclaro *las dificultades a ti* →

4. Él estropea *la máquina de escribir a mí* →
5. Dan *la noticia a vosotros* →
6. Repiten *a nosotros los números* →
7. Cuento *un cuento a mi hija* →
8. Alquilo *los esquíes a ellos* →

346. TAMBIÉN - TAMPOCO. Pónganse estas frases en negativa, según el modelo

Modelo: Yo **también** vivo aquí → yo **tampoco** vivo aquí.

1. Nosotros también jugamos al tenis →
2. Ellos también cantan mucho →
3. Mi padre también duerme bien →
4. Vosotras también vais al cine →
5. Ellas también compran en este supermercado →
6. Carmen también es abogada →

347. Use TAMBIÉN o TAMPOCO según los casos

Modelo: { Yo estudio mucho → y yo **también**.
{ Yo no estudio mucho → y yo **tampoco**.

1. Nosotros volvemos el lunes → y ellos ......
2. Ellos se bañan en el río → y nosotros ......
3. Yo no me aburro → y yo ......
4. No comprenden nada → y nosotros ......
5. Luisa duerme poco → y vosotras ......
6. Mi hijo coge el autobús → y tú ......
7. Tú no conoces este chiste → y ella ......
8. Vosotros no os divertís → y Vds. ......

348. Ejercicio con el verbo DOLER y partes del cuerpo. Conteste a estas preguntas utilizando una de las palabras de la derecha

Ejemplo: ¿Qué te duele? —Me **duelen las muelas.**

1. ¿Qué le duele a Vd.? —   la cabeza
2. ¿Qué le duele al niño? —   el estómago
3. ¿Qué le duele a tu mujer? —   la espalda
4. ¿Qué le duele a Luisa? —   el oído
5. ¿Qué le duele a la abuela? —   la garganta
6. ¿Qué te duele a ti? —   las muelas

Apuntes de clase

unidad 51

349. Indefinido (c/qu). Conjugue el indefinido de estos verbos según el modelo

MODELO: indi [qu] é - indicaste - indicó - indicamos - indicasteis - indicaron.

buscar: .... / .... / .... / .... / .... / ....
explicar: .... / .... / .... / .... / .... / ....
sacar: .... / .... / .... / .... / .... / ....
practicar: .... / .... / .... / .... / .... / ....
tocar: .... / .... / .... / .... / .... / ....

350. Indefinido (g/gu). Conjugue el indefinido de estos verbos según el modelo

MODELO: apa [gu] é - apagaste - apagó - apagamos - apagasteis - apagaron.

llegar: .... / .... / .... / .... / .... / ....
pagar: .... / .... / .... / .... / .... / ....
entregar: .... / .... / .... / .... / .... / ....
jugar: .... / .... / .... / .... / .... / ....

351. Indefinido (c/qu; g/gu). Ponga la forma apropiada del indefinido de estos verbos

1. (Yo) no (pagar) ...... los impuestos.
2. (Yo) (practicar) ...... la primera parte de la lección.
3. (Yo) (entregar) ...... las notas a los estudiantes.
4. (Yo) (sacar) ...... todo el dinero del banco.
5. (Yo) (jugar) ...... a las cartas con Jane.
6. (Yo) (empezar) ...... tarde el curso.
7. (Yo) no (explicar) ...... el problema bien.
8. (Yo) (tocar) ...... el piano.

352. Demostrativos (correspondencia adjetivo, adverbio de lugar). Hágase según el modelo

MODELO: No me gusta este queso; (quesos, **allí**) **aquéllos,** sí.

No nos gusta esa mermelada; (mermelada, aquí) ......, sí.
No les gustan aquellos compañeros; (compañeros, ahí) ......, sí.
No te gusta esta cafetería; (cafetería, allí) ......, sí.
No les gustan aquellos artistas; (artistas, aquí) ......, sí.
No me gusta ese paisaje; (paisaje, allí) ......, sí.
No os gusta ese peluquero; (peluquero, ahí) ......, sí.

353. Pronombres personales objeto. Posición. Sustituya las palabras en cursiva por los pronombres correspondientes según el modelo

MODELO: ¡Da *a nosotros los libros!* = ¡Dánoslos!

1. ¡Ofreced *a ellos un pastel!* =
2. ¡Lleva *a ella una rosa!* =
3. ¡Preguntad *a Luis la hora!* =
4. ¡Envíen *a ellas un regalo!* =
5. ¡Hagan *al enfermo un análisis de sangre!* =
6. ¡Da *al médico las gracias!* =

354. Pronombres objeto. Posición. Hágase según el modelo

Modelo:

(Él) no sabe comer **espaguetis** → { (él) no sabe comer**los**.
{ (él) no **los** sabe comer.

1. Tú no quieres poner *la mesa* =
2. No saben limpiar *la alfombra* =
3. ¿Pueden contestar *estas preguntas?* =
4. ¿Queréis explicar *este punto?* =
5. Ellos no saben hablar *español* =
6. Podemos tener *la fiesta* mañana =
7. Intentan comprender *nuestras razones* =

355. Forme exclamaciones con estas palabras y la partícula QUÉ

casa
bien
dulce
fácil
mal

rápido
cerca
cara
dolor

Apuntes de clase

unidad 52

356. Formas obligativas (sustitución). Repita estas frases según el modelo

Modelo: Es necesario descansar = hay que descansar.

1. Es necesario trabajar más =
2. No es necesario dormir diez horas =
3. Es necesario respirar aire puro =
4. Es necesario divertirse =
5. No es necesario explicar esto =
6. Es necesario saber leer y escribir =

357. Expresión de la obligación. Haga frases con HAY QUE, según el modelo

Modelo: Estudiar: hay que estudiar.

1. Hacer algo:
2. Esperar:
3. Gastar menos:
4. Vivir:
5. Pensar en esto:
6. Conducir mejor:
7. Hablar menos:
8. Llegar antes:

358. Expresión de la obligación. Use la forma apropiada del presente de TENER QUE, según el modelo

MODELO: (Yo) **tengo que** dormir.

1. (Tú) …… …… bañarte.
2. (Él) …… …… aprender latín.
3. (Ella) …… …… cuidar las plantas.
4. (Vd.) …… …… servir la mesa.
5. (Nosotros-as) …… …… tomar el sol.
6. (Vosotros-as) …… …… corregir el examen.
7. (Vds.) …… …… recordar el número de teléfono.
8. (Ellos-as) …… …… abrir la ventana.

359. Contraste HAY QUE ≠ TENER QUE. Cambie estas frases según el modelo

MODELO: **Hay que** preguntar → (yo) **tengo que** preguntar.

1. Hay que decírselo → (tú) ……
2. Hay que ponerlo allí → (él) ……
3. Hay que traerlo pronto → (ella) ……
4. Hay que volver en seguida → (Vd.) ……
5. Hay que invitarlos → (nosotros-as) ……
6. No hay que preocuparse → (vosotros-as) no ……
7. Hay que arreglar esa silla → (ellos-as) ……
8. Hay que sacar el perro a pasear → (Vds.) ……

360. Jsos de DEMASIADO-A-OS-AS. Conteste a estas preguntas según los casos

MODELO: ¿Estudia mucho Carol? —Estudia **demasiado**.

1. ¿Fuma Vd. muchos cigarrillos? —Fumo ……
2. ¿Hay mucha gente allí? —Hay ……
3. ¿Hay mucho humo? —Hay ……

4. ¿Duermen poco? —Duermen ......
5. ¿Tiene muchas visitas? —Tiene ......

361. Contraste HACER - TENER. Haga según el modelo

MODELO: hace *frío/calor* → (Yo) **tengo** *frío/calor*.

1. Hacía calor → (Nosotros) ......
2. Hizo frío → (Vd.) ......
3. No hacía calor → (Vosotras) ......
4. ¿Hace frío? → ¿(Tú) ......?
5. Va a hacer frío esta tarde → (Yo) ......
6. Va a hacer calor este verano → (Nosotros) ......

362. Dé los verbos correspondientes a los siguientes sustantivos

EJEMPLO: **muerte — morir.**

entrada —
sueño —
beso —
peine —
compra —
llegada —
ducha —
vestido —

Apuntes de clase

unidad **53**

363. Futuro simple. Verbos regulares. Dé la forma apropiada de los siguientes verbos

1. ¿Qué (pensar) ...... (tú) de mí?
2. ¿(Entender) ...... (Vd.) mi carta?
3. Ese bolígrafo rojo me (servir) ......
4. (Yo) (conducir) ...... por la noche.
5. (Nosotros) (jugar) ...... a las cartas el sábado.
6. (Ellos) (traer) ...... a los niños.

364. Futuro simple. Verbos irregulares. Dé la forma apropiada de los siguientes verbos

1. ¿(Tener) ...... (vosotras) tiempo?
2. (Ellos) (venir) ...... a las seis de la tarde.
3. (Yo) (poner) ...... la mesa.
4. Mi padre (salir) ...... del hospital el viernes.
5. (Yo) (tener) ...... el billete de avión mañana.
6. La chica (poner) ...... las flores en la mesa.
7. Mañana (nosotros) no (venir) ...... a comer.
8. Esta noche (nosotros) no (salir) ......

365. Futuro simple. Verbos irregulares. Dé la forma apropiada de los siguientes verbos

1. Nunca (saber) …… (tú) la verdad.
2. (Yo) no (poder) …… llevarte a casa.
3. ¿Nos lo (decir) …… Maruja?
4. (Vds.) lo (hacer) …… bien.
5. (Yo) te (querer) …… siempre.
6. Esta semana (nosotros) no (poder) …… terminar el trabajo.
7. (Vosotras) lo (saber) …… el lunes.
8. ¿Quién (hacer) …… el desayuno hoy?
9. (Ellas) no (querer) …… venir.
10. ¡Qué (decir) …… mi novio!

366. Verbos reflexivos. Haga frases

levantarse
vestirse
acostarse
sentarse
quitarse
ponerse

367. Formas HAY ≠ ESTÁ(N) contrastadas. Elija la forma correcta

1. ¿(Hay ≠ está) Luis en Chicago?
2. (Hay ≠ está) un taxi en la parada.
3. ¿(Hay ≠ está) el profesor en clase?
4. En esa familia (hay ≠ están) cuatro mujeres.
5. No (hay ≠ están) árboles en el jardín.
6. (Hay ≠ están) pocas personas en la conferencia.

368. Indefinidos. Use TODO-A-OS-AS, según los casos

1. Vamos allí ...... los jueves.
2. Están ...... enfermas.
3. Conozco ...... su historia.
4. Este niño juega ...... el día.
5. ¿Está ...... el mundo aquí?

369. Léxico de aparatos corrientes en el hogar. Dé el nombre correspondiente a cada pregunta

1. ¿Cómo se llama el aparato para conservar los alimentos fríos? —
2. ¿Cómo se llama el aparato para lavar la ropa? —
3. ¿Cómo se llama el aparato para lavar los platos? —
4. ¿Cómo se llama el aparato para secar el pelo? —
5. ¿Cómo se llama el aparato para calentar el agua? —
6. ¿Cómo se llama el aparato para poner discos? —

Apuntes de clase

unidad 54

370. Condicional simple. Verbos regulares. Dé la forma apropiada

1. (Tú) no (entender) ...... eso.
2. ¿Dónde (llevar) ...... (ellos) esos muebles?
3. (Yo) no (subir) en el ascensor.
4. ¿(Jugar) ...... (Vds.) al póquer?
5. (Ella) no te (esperar) ......
6. (Vosotras) (vivir) ...... mejor aquí.

371. Condicional simple. Verbos irregulares. Dé la forma apropiada de los siguientes verbos

1. (Yo) (tener) ...... miedo.
2. (Ellos) (venir) ...... juntos.
3. (Tú) (decir) ...... más cosas que yo.
4. ¿(Querer) ...... (Vd.) ayudarme?
5. (Nosotras) lo (hacer) ...... con interés.
6. (Ellos) (poder) ...... ir a la boda.
7. (Yo) no (saber) ...... hacerlo.

372. Indefinidos. Use OTRO-A-OS-AS, según los casos

1. Necesito ...... vestido.
2. Queremos visitar ...... sitios.
3. ¿Dónde hay ...... farmacia?

4. Yo uso ...... diccionario mejor.
5. ...... veces lleva sombrero.

373. Indefinidos. Use las formas MUCHO-A-OS-AS o POCO-A-OS-AS, según el modelo

Modelo: ¿Tienes **mucho** tiempo libre? No, tengo **poco**.

1. ¿Hay poca gente allí? No, ...
2. ¿Tienen muchos amigos? No, ...
3. ¿Venden (ellas) muchas flores? No, ...
4. ¿Gastas poco dinero? No, ...
5. ¿Vienen pocas veces? No, ...
6. ¿Hay muchos barcos en el puerto? No, ...

374. LLEVAR en expresiones de tiempo. Use la forma apropiada del presente en las siguientes frases

Ejemplo: Gladys **lleva** cinco años en España.

1. Magdalena y Rosa ...... un cuarto de hora en el salón.
2. Nosotros ...... una semana en el campo.
3. ¿...... Vd. mucho rato aquí?
4. Vds. no ...... mucho tiempo en Barcelona.
5. Tú ...... menos tiempo que yo en esta oficina.
6. Ellos ...... poco tiempo en el extranjero.

375. LLEVAR en expresiones de tiempo. Conteste a las siguientes preguntas con una forma apropiada del verbo LLEVAR

1. ¿Cuánto tiempo lleva Vd. en España? —
2. ¿Cuánto tiempo llevan en la iglesia? —
3. ¿Cuánto tiempo llevabas en el jardín? —
4. ¿Cuánto tiempo llevas en este trabajo? —

5. ¿Cuánto tiempo lleváis aquí? —
6. ¿Cuánto tiempo llevaban en la estación? —

376. Léxico de viaje. Rellene los puntos con la palabra apropiada de la columna de la derecha

1. Los Pirineos forman ...... entre España y Francia.   viaje
2. ¿Os vais mañana? ¡Buen ......!   frontera
3. Tuvimos que esperar en el ...... más de dos horas.   aeropuerto
4. Sacamos un ...... de ida y vuelta.   estación
5. El chico nos subió las ...... a la habitación.   aduana
6. Voy a ...... dos habitaciones en el hotel Miramar.   maletas
7. El tren de Estambul sale de la ...... del Norte.   reservar
8. Tuvimos que abrir todas las maletas en la ......   billete

Apuntes de clase

unidad 55

377. Sustituya las palabras en cursiva por la forma correspondiente del futuro simple para expresar probabilidad en el presente, según el modelo

MODELO: Seguramente (probablemente) son las dos de la tarde →
Serán las dos de la tarde.

1. *Seguramente tiene* más de veinte años →
2. *Probablemente es* rusa →
3. *Seguramente llegan* en tren →
4. *Probablemente tiene* Vd. razón →
5. *Seguramente son* amigos →
6. *Probablemente está* embarazada →

378. Conteste a las siguientes preguntas utilizando la misma forma de futuro simple (de probabilidad en el presente) que aparece en la pregunta

1. ¿Cuántos años tendrá su abuela?
2. ¿Dónde vivirá Carlos ahora?
3. ¿Cómo estará Juan ahora?
4. ¿Con quién saldrá Carmen?
5. ¿Quién será ese hombre?
6. ¿Qué será eso?
7. ¿Quién llamará a la puerta a estas horas?

379. Conteste a las preguntas del ejercicio anterior con una forma de futuro simple (que indica probabilidad en el presente) o con presente de indicativo (que indica certeza). Observe la diferencia

EJEMPLO: ¿Cuántos años *tendrá* su abuela? { Tendrá 80 años.
{ Tiene 80 años.

380. Deletree estas palabras

Constantinopla
kilómetro
Burgos
llover
Játiva
Buñuel
Raquel
examen

381. Formas HABÍA ≠ ESTABA(N) contrastadas. Elija la forma correcta

1. Anteayer no (había ≠ estaba) aquí.
2. (Había ≠ estaba) un pájaro en el tejado.
3. Ayer (había ≠ estaba) el barco ruso fuera del puerto.
4. No (había ≠ estaban) muchos médicos en el hospital.
5. (Había ≠ estaban) dos pollos en la nevera.
6. A las dos de la mañana todavía (había ≠ estaba) gente en la plaza.

382. Ponga la preposición A en las siguientes frases (con objeto directo de persona)

1. No conozco ...... esa señorita.
2. No vi ...... nadie allí.
3. Llevé ...... mi marido al cine.

4. ¿...... quién esperas?
5. ¡No mires así ...... las chicas!
6. Recuerdo muy bien ...... tu padre.

383. Modismos con DAR y TOMAR. Ponga la expresión más adecuada en forma personal en las siguientes frases

1. Nos saludamos. Nos ......   dar un paseo
2. Ella le ayudó mucho. Él le ......   dar la mano
3. Ese alumno no ...... en clase.   dar las gracias
4. Ayer (nosotros) ...... por la playa. tomar apuntes
5. Es demasiado inocente. La gente le ...... tomar el pelo

Apuntes de clase

unidad 56

384. Sustituya las palabras en cursiva por la forma correspondiente del condicional simple para expresar probabilidad en el pasado, según el modelo

MODELO: *Seguramente (probablemente) eran* las dos de la tarde →
Serían las dos de la tarde.

1. *Seguramente tenía* más de veinte años →
2. *Probablemente era* rusa →
3. *Seguramente llegaban* en tren →
4. *Probablemente tenía* Vd. razón →
5. *Seguramente eran* amigos →
6. *Probablemente estaba* embarazada →

385. Conteste a las siguientes preguntas utilizando la misma forma del condicional simple (de probabilidad en el pasado) que aparece en la pregunta

1. ¿Cuántos años tendría su abuela?
2. ¿Dónde viviría Carlos entonces?
3. ¿Cómo estaría Juan entonces?
4. ¿Con quién saldría Carmen entonces?
5. ¿Quién sería aquel hombre?
6. ¿Qué sería aquello?
7. ¿Quién llamaría a la puerta a aquellas horas?

386. Conteste a las preguntas del ejercicio anterior con una forma del condicional simple (que indica probabilidad en el pasado) o con imperfecto (que indica certeza en el pasado). Observe la diferencia

EJEMPLO: ¿Cuántos años *tendría* su abuela? { Tendría 80 años. / Tenía 80 años.

387. Ponga la preposición A donde sea necesaria (con objeto directo de persona o de cosa)

1. No conocía ...... mucha gente allí.
2. Vieron ...... el partido de fútbol.
3. Llevó ...... su amigo al aeropuerto.
4. ¿Esperas ...... noticias de tu familia?
5. ¿Conoces ... el Museo del Louvre?
6. No recuerda ...... nada.
7. ¡Mira ...... esas flores!
8. Vimos ...... nuestro jefe en la playa.

388. Ponga DE o POR, según los casos

1. Son las 8 ...... la mañana.
2. Hago ejercicio ...... la mañana.
3. Cenamos a las 10 ...... la noche.
4. Nos gusta ir a la discoteca ...... la noche.
5. Todos los días tomo café a las 4 ...... la tarde.
6. Me gusta leer un poco ...... la tarde.

389. Silabeo. Separe las siguientes palabras por sílabas

EJEMPLO: bolígrafo = **bo-lí-gra-fo.**

máquina =
constitución =
Atlántico =

regresar =
instituto =
traducción =
Inglaterra =
diversión =

390. Verbo TARDAR. Conteste a las siguientes preguntas con el verbo TARDAR y una expresión de tiempo

Ejemplo: ¿Cuánto tarda el avión de Londres a Nueva York?
—**Tarda cinco horas.**

1. ¿Cuánto tardó el examen? —
2. ¿Cuánto tardan tus hijas de casa a la escuela? —
3. ¿Cuánto tardáis del estadio al hotel? —
4. ¿Cuánto tarda un taxi al aeropuerto? —
5. ¿Cuánto tarda el autobús de aquí al centro? —
6. ¿Cuánto tarda el metro de aquí al museo? —

Apuntes de clase

unidad **57**

391. Sustitúyanse las formas verbales en cursiva por las correspondientes del imperfecto para expresar acción habitual o repetida en el pasado, según el modelo

MODELO: Él *solía acostarse* temprano → (Él) se **acostaba** temprano.

1. (Ella) *solía ducharse* con agua fría en invierno →
2. (Ellos) *solían salir* los viernes por la noche →
3. (Él) *solía afeitarse* por la noche →
4. (Yo) *solía coger* el autobús 12 →
5. (Nosotros) *solíamos ver* a Ana en el mercado →
6. (Tú) *solías tomar* una cerveza en ese bar →

392. Úsese el pretérito imperfecto para contestar a las siguientes preguntas

1. ¿Estaba Pablo en la conferencia?
2. ¿Decías algo?
3. ¿Qué hacías en Estados Unidos?
4. ¿Nevaba mucho esta mañana?
5. ¿A quién esperabas en la estación?
6. ¿Le gustaba la tortilla española?

393. Dé la forma apropiada del imperfecto de los verbos entre paréntesis en las siguientes frases (contraste imperfecto-presente)

1. *Antes* (yo) (vivir) …… en Pamplona; *ahora* vivo en Salamanca.
2. *Antes* (ellos) (ser) …… muy pobres; *ahora* tienen mucho dinero.
3. *Entonces* (nosotros) (ser) …… jóvenes; *hoy* somos viejos.
4. *Entonces* (tú) (trabajar) …… mucho; *ahora* no haces nada.
5. *En aquel tiempo* (ella) (estar) …… soltera; *ahora* está divorciada.

394. Dé la forma apropiada del imperfecto de los verbos entre paréntesis en las siguientes frases (contraste presente-imperfecto)

1. *Ahora* llueve poco; *antes* (llover) …… más.
2. *Hoy* (ella) está muy delgada; *entonces* (estar) …… muy gorda.
3. *En este momento* (yo) lo sé; *antes* no lo (saber) ……
4. *Hoy* (nosotros) tenemos democracia; *antes* (tener) …… dictadura.
5. *Ya* (tú) hablas bien francés; *antes* no lo (hablar) ……

395. Dé la forma apropiada del imperfecto en las siguientes oraciones (contraste imperfecto-presente)

1. *Hace tres semanas* (yo) (estar) …… en Méjico; *ahora* estoy en Italia.
2. *Hace veinte años* (ellos) (ser) …… de izquierdas; *hoy* son de derechas.
3. *Hace cinco minutos* (yo) (recordar) …… la fecha; *ahora* no la recuerdo.
4. *Hace tres meses* (ella) (trabajar) …… en Correos; *ahora* trabaja en un banco.
5. *Hace diez años* mucha gente (llevar) …… corbata; *hoy* poca gente la lleva.
6. *Hace una hora* (llover) …… mucho; *ahora* hace sol.

396. Silabeo. Separe las siguientes palabras por sílabas

excursión =
diecisiete =
presente =
secretaria =
dormitorio =
veintidós =
director =
sinfonía =

397. Fórmula de pregunta CUÁNTAS VECES. Conteste a las siguientes preguntas con un numeral + VEZ(CES), según el ejemplo

Ejemplo: ¿Cuántas veces vas al cine? —Voy **tres veces al mes.**

1. ¿Cuántas veces tienes clase de lengua? —
2. ¿Cuántas veces viene el cartero? —
3. ¿Cuántas veces compras el periódico? —
4. ¿Cuántas veces comes al día? —
5. ¿Cuántas veces se casó tu abuelo? —
6. ¿Cuántas veces sales por la noche? —

Apuntes de clase

unidad **58**

398. Uso del pretérito indefinido con DURANTE. Dé la forma apropiada de los siguientes verbos

1. (Yo) (estar) ...... con él durante diez días.
2. (Él) (ser) ...... presidente del gobierno durante cuatro años.
3. (Nosotros) (jugar) ...... al póquer durante todo el viaje.
4. ¿No la (ver) ...... (vosotras) durante aquel año?
5. (Ellos) (ser) ...... novios durante cinco años.
6. (Ellas) sólo (comer) ...... fruta durante dos semanas.

399. Uso del pretérito indefinido con AYER. Dé la forma apropiada de los siguientes verbos

1. Ayer (llover) ...... todo el día.
2. Ayer (yo) (dormir) ...... demasiado.
3. Ayer (ser) ...... fiesta.
4. ¿(Ver) ...... (tú) la televisión ayer?
5. Ayer (nosotros) (estar) ...... en casa toda la tarde.
6. Ayer no te (duchar) ......

400. Úsese el indefinido para contestar a las siguientes preguntas

1. ¿Qué hicieron Vds. el verano pasado?
2. ¿Dónde compraste esos zapatos?
3. ¿Cuándo llegaste a Canarias?

4. ¿Dijo Vd. algo?
5. ¿Cómo abrió (ella) la puerta?
6. ¿Con quién fueron (ellos) a la discoteca?

401. Dé la forma apropiada del indefinido en las siguientes oraciones (contraste indefinido-imperfecto)

1. *Todas las semanas* íbamos al museo; *aquella semana* (quedarse) ...... en casa.
2. *Todas las navidades* recibíamos christmas; *aquella navidad* no (nosotros) (recibir) ...... ninguno.
3. *Los sábados* dormíamos la siesta; *ese sábado* no la (dormir) ......
4. *Siempre* hablaban de política; *ese día* (ellos) (hablar) ...... de deportes.
5. *Siempre* leía un poco en la cama; *ayer* (ella) (dormirse) ...... en seguida.
6. *Todos los días* hacía la cama; *ayer* no la (yo) (hacer) ......

402. Dé la forma correcta del imperfecto o del indefinido en las siguientes frases

1. (Yo) iba *todos los días* al gimnasio; *ayer* no (ir) ......
2. *Todos los domingos* (ellos) (soler) ...... ir al campo; *el domingo pasado* no fueron.
3. *Siempre* (nosotros) pasábamos las vacaciones en la montaña; *el año pasado* (ir) ...... a la playa.
4. (Nosotros) nos (ver) ...... *siempre* en el club; *ese día* nos vimos en el café.
5. *Todas las mañanas* (él) desayunaba en casa; *aquella mañana* (desayunar) ...... en el bar de la Universidad.
6. *Todas las tardes* las señoras (tomar) ...... el té; *esa tarde* no lo tomaron.
7. *Siempre* (ella) (llevar) ...... a los niños al colegio; *ayer* no los llevó.

403. Ponga DE o POR, según los casos

1. Mañana ...... la mañana voy al dentista.
2. Mañana te despierto a las 6 ...... la mañana.
3. Hoy ...... la mañana salgo de excursión.
4. Hoy, a las 7 ...... la mañana, salgo de excursión.
5. Los turistas llegan hoy a las 12 ...... mediodía.
6. Los turistas llegan hoy ...... la tarde.

Apuntes de clase

unidad **59**

404. Participio pasado irregular. Dé los infinitivos correspondientes según el modelo

Modelo: **abierto → abrir.**

roto →
puesto →
vuelto →
escrito →
muerto →
visto →
hecho →
dicho →

405. Participios irregulares. Conjugue el pretérito perfecto de los siguientes verbos

escribir: .... / .... / .... / .... / .... / ....
volver: .... / .... / .... / .... / .... / ....
romper: .... / .... / .... / .... / .... / ....
decir: .... / .... / .... / .... / .... / ....

406. Participios regulares. Dé la forma apropiada del pretérito perfecto de los siguientes verbos, según el modelo

MODELO: Este año (yo) (vivir) en Alemania → Este año **he vivido** en Alemania.

1. (Nosotros) nunca (hablar) …… con ella.
2. Ya (yo) (comer) …… antes en este restaurante.
3. (Vd.) no (comprender) …… la pregunta.
4. El portero me (subir) …… las cartas.
5. ¿(Preguntar) …… (vosotras) por mí?
6. El mecánico (arreglar) …… la moto.

407. Participios irregulares. Dé los participios pasados correspondientes a los siguientes infinitivos

decir →
escribir →
romper →
ver →
morir →
hacer →
abrir →
volver →
poner →

408. Contraste SER - LLEGAR. Haga según el modelo

MODELO: **Es** tarde → (Yo) **llego** tarde.

1. Era temprano → (Él) …… ……
2. Es temprano → (Tú) …… ……
3. ¿Es tarde? → ¿(Nosotros) …… ……?
4. No era tarde → (Vosotras) no …… ……
5. Es muy tarde → (Ellos) …… ……
6. ¿Es muy temprano? → ¿(Ella) …… ……?

409. Léxico de alimentos. Coloque una palabra apropiada de la columna de la derecha en las siguientes frases

1. A Stanley no le gusta el *a*...... con leche.	arroz
2. Anita prefiere el *q*...... manchego,	patata
3. En España mucha gente toma *ch*...... en taza.	queso
4. Cena dos *h*...... fritos todos los días.	postre
5. Nunca toma *p*......	chocolate
6. La *t*...... española tiene *p*......	tortilla
7. ¡Niño, no comas la *c*...... con los dedos!	huevos
8. ¿Cómo quiere Vd. las *p*......? Las quiero fritas.	carne

Apuntes de clase

unidad **60**

410. Participios irregulares. Dé la forma apropiada del pretérito perfecto de los siguientes verbos

1. ¿Qué (decir) .... (Vd.)?
2. ¡Perdón!, (yo) (romper) .... la taza.
3. Esta mañana (yo) las (ver) .... en la calle.
4. (Ellos) (volver) .... de Francia esta semana.
5. Todavía (ellos) no (abrir) .... las tiendas.
6. ¿Te (poner) .... (tú) la falda nueva alguna vez?

411. Participios irregulares. Dé la forma apropiada del pretérito perfecto de los siguientes verbos

1. ¿Qué (hacer) .... (tú) hoy?
2. (Ellos) no me (escribir) .... todavía.
3. (Nosotros) (ver) .... esa película antes.
4. ¿Enrique, (hacer) .... (tú) el café?
5. En el accidente (morir) .... el conductor del autobús.
6. Ya (volver) .... la primavera.

412. Ponga la forma apropiada del pretérito perfecto de los verbos entre paréntesis en las siguientes oraciones (contraste indefinido-pretérito perfecto)

1. *Ayer* fui al zoo; *esta mañana* (yo) (ir) .... al circo.
2. *Ayer* fumaste dos paquetes de cigarrillos; *hoy* sólo (tú) (fumar) .... uno.
3. *La semana pasada* salieron mucho; *esta semana* no (salir) .... de casa.
4. *Anoche* llamaron dos veces por teléfono; *esta noche* no (llamar) .... todavía.
5. *El mes pasado* tuvimos tres días de fiesta; *este mes* no (tener) .... ninguna.
6. *El domingo* oímos un concierto de música clásica; *hoy* lo (oír) .... de jazz.

413. Ponga la forma apropiada del indefinido de los verbos entre paréntesis en las siguientes oraciones (contraste pretérito perfecto-indefinido)

1. *Esta tarde* he leído las noticias en el periódico; *ayer* las (oír) ...... por la radio.
2. *Este año* has ganado poco; *el año pasado* (tú) (ganar) ...... mucho más.
3. *Este fin de semana* nos hemos divertido mucho; *el fin de semana pasado* (divertirse) ...... poco.
4. *Este mes* han tenido muchas visitas; *el mes pasado* (ellos) (tener) ...... muy pocas.
5. *Este verano* ha descansado Vd. mucho; *aquel verano* (Vd.) (cansarse) ...... demasiado.

414. Modismos con HACER. Rellene los puntos con la expresión más adecuada en forma personal de la columna de la derecha

1. Los alumnos ......; el profesor las contesta.   hacer preguntas
2. Voy al mercado. Tengo que ......   hacer caso
3. Ayer (yo) ...... de gramática.   hacer un examen
4. Se lo dije. Él no me ......   hacer la cama
5. Quiero acostarme. Hay que ......   hacer la compra
6. Tengo hambre. Hay que ......   hacer la comida

Apuntes de clase

CURSO INTENSIVO DE ESPAÑOL
EJERCICIOS PRACTICOS

Niveles de iniciación y elemental (Fente, Fernández, Siles). Madrid, 1982. 282 páginas.

Clave.

Nivel elemental e intermedio (Fente, Fernández, Feijoo). Madrid, 1981. 8.ª edición. 216 páginas.

Clave.

Nivel intermedio y superior (Fente, Fernández, Siles). Madrid, 1981. 11.ª edición. 244 páginas.

Clave.

PROBLEMAS BASICOS DEL ESPAÑOL

Perífrasis verbales (Fente, Fernández, Feijoo). Madrid, 1979. 3.ª edición. 144 páginas.

El subjuntivo (Fente, Fernández, Feijoo). Madrid, 1981. 4.ª edición. 152 páginas.

Usos de «se». Cuestiones sintácticas y léxicas (Molina Redondo). Madrid, 1980. 3.ª edición. 144 páginas.

Las preposiciones (Luque Durán). Madrid, 1980. 3.ª edición:
Tomo I.—Valores generales. 184 páginas.
Tomo II.—Valores idiomáticos. 176 páginas.

El artículo. Sistema y usos (F. Abad Nebot). Madrid, 1977. 116 páginas.